「ここが知りたい　建築の？と！」目次

地震と災害に勝つ

先端技術

43

いい家をつくる

69

都市デザインと文化 135

FMと経営

教育と資格

地震と災害に勝つ

1 瓦葺きの屋根と地震

Q

瓦葺の家は地震に弱い、という話をよく聞きますが、瓦葺で何百年も経っている寺や武家屋敷があります。本当に瓦葺は地震に弱いのでしょうか？

A

阪神・淡路大震災では、瓦屋根をもつ比較的古い住宅に大きな被害がでました。写真は、その被害例です。被害調査報告書にも、瓦屋根の建物の被害は大きいとの傾向が報告されています。では、本当に瓦屋根の家は地震に弱いのでしょうか。結論からいえば、「同じ耐力の住宅では、瓦屋根は地震に不利だが、それだけの理由で瓦屋根を止める必要はない」ということになります。では、それはどのような理由からでしょうか。

問題は瓦の重さ？

まず、地震力の大きさを考えてみます。地震力は、質量と、そこに生じている加速度との掛け算で求まります。したがって同じ大きさの加速度が生じているのなら、質量が大きいほど、つまり重いほど地震力は大きくなります。瓦葺きは、金属板葺きよりも屋根の自重が大きいので、軸組の耐力が同じなら、瓦屋根の住宅は軽い屋根の住宅よりも地震に対して不利になります。これが、力学的な「瓦屋根の住宅は地震に弱い」ということの意味です。

したがって、逆に屋根を軽くすれば、耐震性能を向上させることになります。耐震改修において屋根を軽いものに変えることは、補強を行ったことと同じ効果があります。

瓦屋根の住宅の被害

もちろん、建築基準法でも、そうした点は考慮されています。いわゆる「壁量設計」において、「重い屋根」と「軽い屋根」を区別していて、「重い屋根」の住宅には必要な水平耐力を大きく設定しています。瓦屋根は「重い屋根」に分類されており、要求されている壁量を満足するように耐力壁を配置すれば、軽い屋根の住宅と同等の耐震性能になるはずです。したがって、「瓦屋根の住宅に地震被害が多い」のは、重い屋根として要求されている壁量を満たしていないものが多いことを示しています。阪神・淡路大震災の被災地域に限らず、西日本では、木造住宅に被害をもたらす主要な外力は台風で、以前は、むしろ屋根が飛ばされないように、あえて重くしていました。つまり、地震に対する備えは十分には行われてきませんでした。そのため、地震が起きると、瓦屋根の住宅に大きな被害が出る可能性があったのです。

法律と瓦屋根

建築基準法の壁量設計が想定している建物の重さは、実態とやや離れているとの指摘があり、二〇〇〇年四月に施行された住宅の品質確保の促進に関する法律、いわゆる品確法では、壁量の見直しがなされました。この法律を参照して、必要な壁量を決めることをおすすめします。

以上のように、瓦葺きは金属板葺きよりも重くなりますが、「重い」だけで欠陥であるかのように扱うのは明らかな間違いです。軽ければ重いなりに、軸組の構造性能を確保するのが設計というものです。鉄筋コンクリート造建物は明らかに木造よりも重くなりますが、それでも、コンクリートで建物を建てています。屋根など建物の重さを、建物の設計条件として適切に考慮しているかが問題なのです。

伝統的木造建物の耐震性

瓦屋根で何百年も経っている寺社や武家屋敷の多くは、適切な補修・改修を行ってきたものです。したがって、現在残っているからといって耐震性が高いとは限りません。現代の要求性能に照らしてみると、多くの伝統的な木造建物の耐震性は低いといわざるを得ないでしょう。ただし、大変形まで耐力が低下しないなど、優れた面もあるので、そうした特長を活かした設計の開発が行われています。耐震性の高い伝統的木造もできるようになるでしょう。

大橋好光・武蔵工業大学

★…木造住宅等震災調査委員会／平成七年阪神・淡路大震災　木造住宅等震災調査報告書／一九九五年一〇月

★…杉山英男／大震災における在来木造と瓦屋根／『Roof & Roofing』／一九九六年一月一日号

★…特集『瓦屋根』の耐震性能を検証する／『Roof & Roofing』／一九九六年四月一日号

2 液状化現象

Q 液状化はどんなところで起きますか？
液状化の心配があるときはどんな対策をとっておけばよいのでしょうか？

A 「砂地盤の液状化」が、初めて工学的に注目されたのは、一九六四年六月一六日に発生した新潟地震のときです。液状化の影響により、上部構造にはひび一つないまま、アパートがひっくり返り、橋は落ち、鉄道・道路は沈下・傾斜し、マンホールは地上に浮き上がり、ガス・上下水道などのライフラインはズタズタに切り裂かれました。

液状化の仕組みと発生の三条件

液状化現象が起きると、決まって地下から泥水が噴き出し、地震後には噴砂口（砂火山）が残ります。液状化現象は、この地面から吹き出した砂と水に起因しています。砂は、粘土と異なり、粘着力をもたない粒状体で、地震のような横揺れが生じると、その構造が崩れやすいためです。とくに海岸や川のそばでは、地表付近から地下水が湧き、地盤内の土粒子と土粒子との間は水で満たされています。これを地盤が水で飽和しているといいます。このような飽和砂地盤が大きな揺れに襲われると、構造を失った砂粒子が水中に浮遊し、地盤は水と砂粒子が混合した（水の約二倍の比重の）泥水のようになり、圧力を増して地上に泥水を吹き上げます。また、重い構造物は支えを失って沈下し、地中に埋まった比重の小さい埋設物は浮き上がります。このような被害は、砂粒子が緩く壊れやすい構造を形成しているほど、また地震動が強いほど、生じやすいことになります。「地下水位が浅い」、「緩い砂地盤」、「強い地震動」が液状化発生の三条件です。

液状化の起こりやすい場所とは？

明治以降、日本国内では六十以上の地震で液状化の記録が残っています。液状化を引き起こした地震の最小マグニチュードは五～六程度以上、地震動の強さは気象庁震度階で五弱程度以上です。このような地震のときに液状化した場所をまとめてみると、埋立地、干拓地、旧河道、旧水面上の盛土などが最も多く、河川敷、湿地、三角州、自然堤防、氾濫平野、砂丘間低地などがこれに続きます。これは、地下水位が浅く、緩い砂地盤という二条件を満たす地盤で、全国の沖積平野と盆地、新しい埋立地のほとんどが該当します。さらに、一回液状化した場所は、次の地震でも液状化した例が多数認められており、一度液状化した地盤は、次は大丈夫ではなく、次も危ないのです。

液状化の対策

緩い飽和砂地盤に液状化対策をせずに建設された構造物は、地震時の液状化により甚大な被害を受ける可能性が高くなります。そこで、これらの地盤に構造物を建設するときには、液状化対策について検討する必要があります。対策の基本的な考え方には、次の二とおりがあります。

1、液状化の発生を防止または液状化の程度を軽減する

2、構造物を丈夫にし、液状化に抵抗できるようにする

1の液状化の発生を防止する方法は、液状化発生の三条件の一つまたはいくつかを改善させようとするもので、次のように分類されます。

①液状化する地盤を取除き液状化しない材料に置換する

②セメントを混合または薬液を注入して化学的に地盤を固める

③転圧、締固めなどにより地盤を密にする

1964 年、新潟地震の液状化で沈下、傾斜した河岸町アパート

④ 排水ポンプを用いて地下水位を低下させ地盤を不飽和にする
⑤ 盛土して相対的に地下水面の位置をさげる
⑥ 透水性の良い礫やパイプを地盤に埋込み液状化して圧力の高まった水を迅速に逃す

2の、構造物そのものを丈夫にする方法には、シートパイルを打って液状化後の地盤のせん断変形や側方流動を抑える方法、剛性の高い杭や壁杭を使って液状化に抵抗する方法、基礎を深くして強固な地盤の上に直接構造物を建設して液状化の影響を避ける方法が考えられます。橋脚、発電所の建屋や高層ビルなど重要な構造物では、こうした対策がとられます。対策方法の選択は、構造物の種類、基礎形式、構造物が新設か既設、また周辺環境の違いなどによって使い分けられます。

木造住宅と液状化対策

木造住宅に対しても、同様の対策が技術的には可能です。しかし、小規模の住宅に大がかりな対策工事は不釣り合いであるし、それだけの経済的余裕がないことが多く、液状化が起こっても大きな被害にならない方法か、万が一被害に結びついても、修復が比較的簡単にできる方法を考えるのが現実的です。このような方法として鉄筋コンクリート製のべた基礎など、基礎剛性を高くしておく方法が提案されています。

時松孝次・東京工業大学

3 免震構造・制振構造

Q 免震構造と制振構造とは、何が違うのですか？

A 一九二三年九月一日（現在の防災の日）に発生した関東大震災を契機に、わが国の耐震設計を柔構造とすべきか、あるいは剛構造とすべきかという「柔剛論争」が起こりました。柔構造派は建物を柔らかくして地震の力をさらりと受け流すべきと主張し、剛構造派は地震の特性がよくわかっていないのだから強くつくるべきであると主張しました。この論争の決着がつかないまま、わが国は「剛構造」による設計（耐震構造）を選択し、この考え方は一九六〇年代まで続きました。その後、いろいろな研究により、柔構造でも充分な耐震安全性が確保できることが明らかとなり、超高層建物や免震建物が建設されるようになりました。

どこまで安全を求めて設計するのか

地震力に対して建物を設計する場合には、想定する地震動の強さ、想定した地震動が来たときに建物はどうなるのかを考えます。大地震のときでも建物（構造体と家具・設備）には何も被害が生

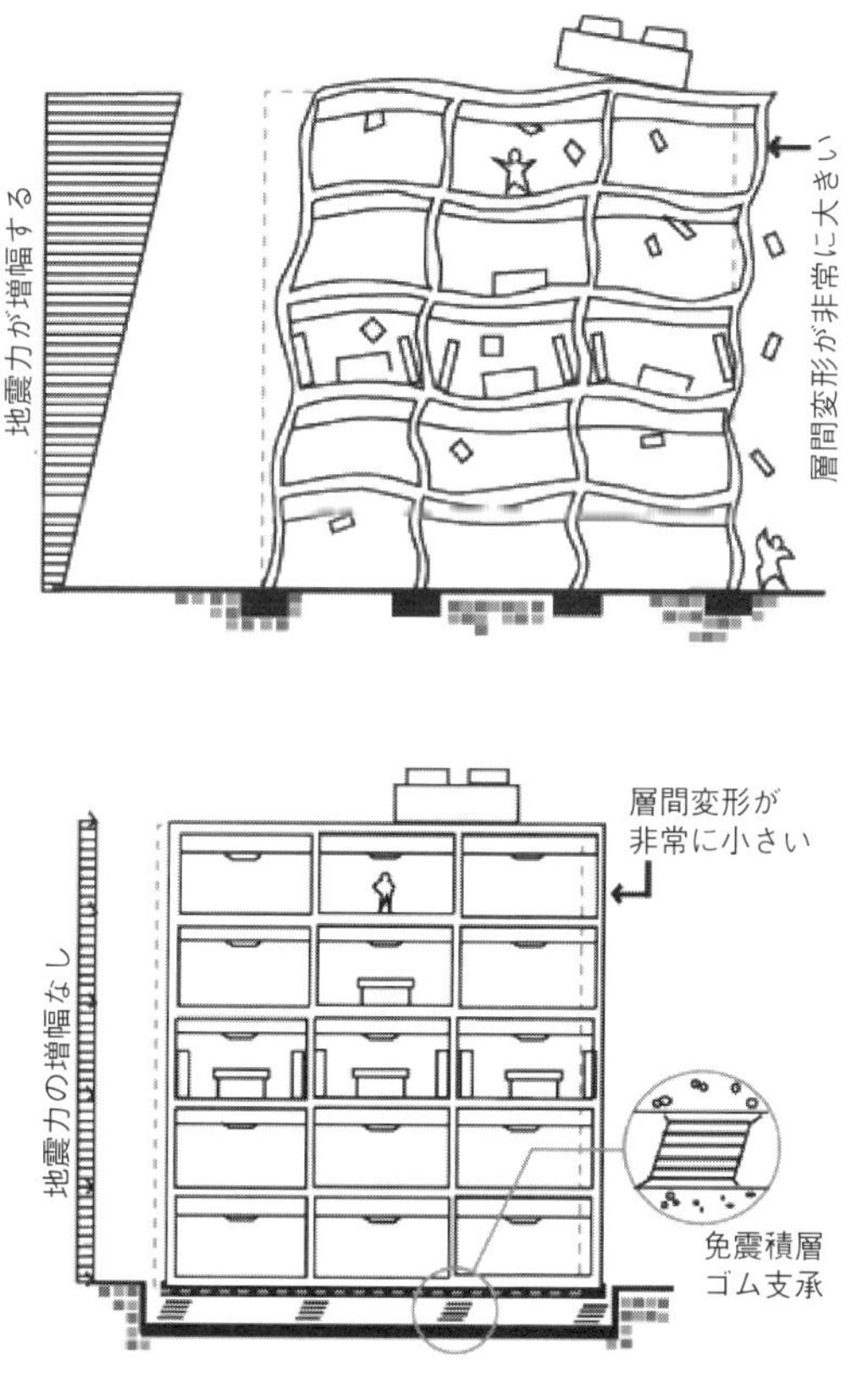

耐震構造（上）と免震構造（下）の揺れ方

耐震構造は上層ほど揺れが大きく、構造体や家具・設備にも損傷が発生。免震構造は建物が剛体としてゆっくり揺れ、内部の損傷もない。制震構造は耐震構造にダンパーを付加し、建物の揺れを耐震構造よりも抑制する。

じないのが理想ですが、わが国の耐震設計の考え方は、大地震時には構造体（柱や梁や壁）が損傷することを許す代わりに、人命だけは保護する、というのが最低限の性能目標になっています。

地震エネルギーを吸収すると制震構造

地震で建物が揺れるのは、地震動による入力エネルギーを建物内で消費する現象とみることができます。耐震構造では、建物を支えている構造体自身を損傷させること（壁にヒビが入るなど）で地震エネルギーを吸収することが求められています。構造体の損傷がひどくなると補修だけでは済まず、最悪の場合には建て替えということになります。そこで考えられたのが制震構造です。

制震構造では、構造体の損傷を抑制するためにダンパーという部材を建物内部に組み込み、地震で建物が揺れて変形したときに地震のエネルギーを吸収させます。構造体は地震エネルギーを吸収する役割から解放され、その結果、建物の変形を耐震構造の半分程度に抑えることが可能になります。制震ダンパーには特殊な鋼材を用いたもの、粘性体を用いたもの、摩擦を利用したものなどが実用化されています。なお、「制振」は地震を含めたさまざまな振動の抑制を対象としたときに用い、「制震」は主に地震を対象としたときに用いる呼称なので、ここでは制震を使用しています。

地震エネルギーを建物に入れない免震構造

免震構造は、地震エネルギーが建物に入ってくること自体を阻止します。基礎部分に免震層と呼ばれる層を設置し、ここで地盤と建物を絶縁状態にします。地震時には免震層が大きく変形して建物の揺れをゆっくりとしたものに変え、建物の変形を耐震構造よりも桁違いに小さくします。設備機器の損傷さらには建物内部の本棚や食器棚などの転倒・散乱も抑えます。

免震層には、建物を支え、地震時に大きく水平方向に変形できるアイソレータと、地震のエネルギーを吸収し、免震層の揺れを適度に抑制するダンパーが設置されます。ダンパーは制震構造で用いられているものと機構は同じですが、より大きな変形（三十～五十センチメートル程度）が可能になります。アイソレータには積層ゴムと呼ばれる部材が多く利用されています。

免震構造は構造体のみならず内部の家具や設備などの資産を守ることができることから、超高層建物だけではなく、戸建ての住宅にも適用され始めています。

高山峯夫・福岡大学

★…大橋雄二／日本建築構造基準変遷史／日本建築センター／一九九三
★…金田、関ほか／建築の耐震・耐風入門／彰国社／一九九五
★…日本免震構造協会／はじめての免震建築／オーム社／二〇〇〇

4 震度予想・被害予想

Q 東海地震や首都圏地震の発生による震度や被害予想が出されていますが、これらの予想はどれぐらいの信頼性があるのですか？

A 二〇〇五年（平成十七年）に、国の中央防災会議から首都圏直下地震による被害想定が、また二〇〇二年には東海地震を対象とした被害想定の報告がなされています。大雑把にいって、首都圏直下地震による被害は、死者一万二千人、都心の帰宅困難者が最大約六百五十万人、被害総額が約百兆円などと公表されています。これらの予想値がどれくらい信頼性があるか、地震防災分野で研究している我々にとって大変興味深いところです。ここではこれらの予想値の算出方法や根拠について紹介し、予想値の信頼性について示したいと思います。

地震被害想定は、評価の前提条件を定めて、被害の算出を行います。被害想定の流れは、①対象地震の設定、②各地の震度推定、③建築物・土木構造物等の被害評価、④人的・物的被害推定、⑤経済的損失

東京湾北部地震時の主な被害予測結果

項目		5時	8時	12時	18時
建物倒壊による死者（うち屋内収容物移動・転倒）		約4,200人（約600人）	約3,200人（約600人）	約2,400人（約300人）	約3,100人（約400人）
急傾斜地倒壊による死者		約1,000人	約800人	約900人	約900人
火災による死者	風速3m	約70人	約70人	約100人	約2,400人
	風速15m	約400人	約400人	約600人	約6,200人
ブロック塀等の倒壊、屋外落下物による死者		—	約800人		
交通被害による死者		約10人	約300人	約100人	約200人
ターミナル駅被災による死者		—	約10人	—	—
死者数合計	風速3m	約5,300人	約5,100人	約4,200人	約7,300人
	風速15m	約5,600人	約5,400人	約4,800人	約11,000人

（資料：中央防災会議「首都圏直下地震対策専門調査会報告」，平成17年7月）

の算出、となります。評価の前提条件や個々の評価は、どれ一つとっても大変難しい作業であり、また、算出できたとしても不確定な部分が多分にあります。しかし、残念ながら公表された報告には予想値の精度については記されていません。

どんな地震を対象に選ぶか

中央防災会議の首都圏直下地震による想定被害評価例を取り上げると、関東地方に影響を与える地震は、いろいろな場所でいろいろな規模の地震が歴史的に起こっていますので、一つとは限りません。首都圏の地震被害想定では、十八種類の大被害をもたらす可能性のある地震が選び出されています。御存知のように、関東平野は沖積層が深く堆積していますので地中に活断層があるかどうか十分わかっていません。地表に現れていない活断層では最大でマグニチュード六・九の直下地震が起きる可能性があるとしています。十八種類の地震のなかには、こうした発生することが否定できない直下地震も含まれています。そしてこれらの地震のなかで最も大きな被害をもたらす地震について詳細な被害が推定されています。最近の研究によれば、同じマグニチュード規模の地震であっても断層の破壊の仕方の違いが各地の震度の違いをもたらすこともわかっています。

次に、対象とする地震が発生したとき、各地域の地面の揺れを、震度を用いて推定します。これには、地震波が地中内部を伝わる様子を経験的に評価する方法や、地震を断層の滑り現象であるとしてモデル化した理論的な方法を用います。地面の揺れはもちろん震源に近いところでは大きく、遠くなるにつれ小さくなります。また、評価地点の地盤が軟らかく弱い場合には局所的に揺れは大きくなります。そこで、評価地点の地盤の特徴を反映させるために、首都圏全域を五十メートルメッシュで分割して、地面の揺れの評価精度を向上させています。

地震被害を予想する

建築物や土木構造物の被害については、構造物の過去の被害データに基づいて、構造物の脆弱性を表す経験式を用いることが一般的で、先に推定された地面の揺れが生じたときの被害程度あるいは被害総数を見積もっています。この経験式は建物の古さ、構造形式(木造、鉄骨造、鉄筋コンクリート造、等)、階数などに応じて提案されていますが、個々の構造物の特徴を十分に反映したものではなく統計的に評価されているに過ぎません。

人的被害評価では、地震発生時刻を指定して、建物倒壊、地盤崩壊、地震直後の出火等による死者数を見積もっています。また、経済的被害額については、直接損失額、間接被害額を平常時の経済活動をふまえて評価されています。

このように、対象とした規模の地震が、指定時刻に、ある気象条件下で発生したときの都市全体の被害が評価されます。これらの評価結果は、ある意味で最悪の被害状況を示しており、当然、条件が変われば結果も著しく変わります。評価の際に十分な根拠やデータがない部分は厳しい側の設定となっている部分も多く、報告されている被害が確実に生じるとは考えられません。評価の各ステップの精度を向上させるには、今後、データの収集や研究が必要となります。しかし、報告された評価結果は、都市全体の地震被害の様相の一面を定量的に把握するには大変有用なものと考えています。

「備えあれば憂い無し」という諺が示すように、「平常時からの備え」が必要です。地震被害想定は、どのようなものをどれくらい備えるべきかという問いに、ある程度答えられるものとなっていると思います。しかし、その備えを実現するために莫大な財政的負担を強いられることも予想されます。大地震の被害をなくすことは非現実的である場合も多く、現時点では投資可能な対策費用の中で、効果的に被害を軽減するための方策を検討すべきという考え方に変わりつつあります。

高田毅士・東京大学

5 長周期地震動と超高層建物

初期の超高層建物は長周期地震に弱いと聞きましたが、本当ですか？

長周期地震とは

大地震が起こったときに発生する地震波にはさまざまな周期成分がありますが、そのうち、とくに長周期成分が震源からはるか遠方にまで伝達し、その周期特性と建物の固有周期が合致することにより大きな被害を与えるような地震を、長周期地震と呼びます。一九八五年に発生したメキシコ地震がその典型例として、よく知られています。メキシコ地震の場合には、震源地ミチョアカンとメキシコシティーの距離は四百キロメートルも離れていたにもかかわらず、メキシコシティーの多くの建物に被害が発生しました。メキシコシティーの厚い沖積層と盆地上の地下構造が、長周期地震を誘発したといわれています。二〇〇四年九月二六日に起こった十勝沖地震では、震源から遠く離れた苫小牧で重油タンクの火災が発生しましたが、それも長周期地震が原因ではないかといわれています。東京・名古屋・大阪等の日本の主要な都市も、メキシコシティーと似た地下構造であることから、南海地震や東南海地震等の巨大地震が起こった場合に、それらの地域に長周期地震が起こることが懸念されているわけです。

長周期地震動が及ぼす影響

さて、そのような長周期地震の特徴

長周期地震の典型例：メキシコ地震
（震源から400km も離れたメキシコシティーで高層建物が多数倒壊）
震源：ミチョアカン／被災地：メキシコシティー／距離：約400km

は、長い周期特性と震動の継続時間が長いことが挙げられます。固有周期が長く震動の継続時間が長い地震が起こった場合、とくにその影響を受け易いのは、超高層建物や免震建物のような固有周期の長い建物です。もっとも、最近ではそのような建物の設計では、設計用地震に長周期成分の影響を考慮した地震波が使われていることが多いので、それほど心配はないと思われます。しかし初期の超高層建物では、設計用地震に長周期成分の影響を考慮していない場合があるので、注意が必要となります。

初期の超高層建物の設計で、地震波の長周期成分の影響が考慮されなかった主な理由としては、地震波の計測装置の問題があると思います。つまり、当時の地震計は、蝋紙を針で引っ掻くことにより機械的に地震波を記録するような、原始的な方式のものがほとんどでしたが、それですと地震波の長周期成分までは、評価は困難だったのではないかと思われるのです。逆にいえば、この問題は時代時代の技術的限界による宿命的な問題ともみることができます。

初期の超高層建物の特徴

初期の超高層建物については、長周期地震動の問題以外にも、いくつか問題点が指摘されています。具体的には、①鋼材の材質の問題（イオウ、燐等の不純物の含有が多く溶接性等が劣る）、②

溶接技術の未熟さの問題等が挙げられます。一方で、そのようなマイナス要因ばかりではなく、プラス要因もいくつか挙げることができます。具体的には、①建物の形状が整形で無理がないこと、②先端的技術への取り組みということで、慎重によく考えて設計されており、総合的には安全率が高いこと等が挙げられると思います。

耐震診断・補強の必要性

超高層建物の建設は、時代の技術の粋を結集して行われるものであり、当然技術革新も目覚ましく、三十年も経過すれば、新たな技術的問題が発覚するのも、やむを得ないことと思われます。また一方で、超高層建物の建設には大きなコストと環境負荷を伴うものですので、そう簡単に建て替えるわけにはいかないことも、いうまでもありません。

したがってこれは超高層建物に限ったことではありませんが、時代を経ればより良い技術が開発され、時間の経過とともにかつての最新技術も陳腐化してしまうことも、やむを得ないと思われます。技術の進歩を見守りながら、必要に応じて建物の診断・見直しを行い、必要があれば改修工事を施すというような、「建物に対する『継続的改善』の重要性」の意識を育てることが重要と思われます。

稲田達夫・三菱地所設計

6 耐震設計

Q マンションなどの耐震設計は、どのように行われているのですか？

A 建物を設計する際、設計者は建物が地震などのさまざまな力を受けたときの動きを想像し、いろいろな計算を繰り返して柱や梁の大きさや配置を決めていきます。建築構造物には自重をはじめ、家具・本などの積載荷重、土圧・水圧などの圧力、それに地震・台風などの外力が作用します。わが国では、常時作用している自重や積載荷重などの長期的な荷重に対する設計と、大雪のとき、地震や台風が来たときの短期的な荷重に対する設計とに分けて構造設計を行います。耐震設計については さらに一九八一年から、極めて稀に起き、短期荷重を越えるような非常に大きな荷重に対して、構造物が崩壊しないことを確認するようになりました。つまり、二段階の大きさの地震を想定しているわけです。

短期荷重として用いる地震動の強さは、地盤の最大加速度として80～100cm／sec²程度。建物の使用期間である数十年に何度か起きる程度の地震動です。震度でいうと5強に相当します。このとき建物に作用する加速度は200cm／sec²程度で、建物の重さの二十パーセントの力が水平に働くことになります。この力に対して建物は損傷を受けないように設計します。

極めて稀に起こる地震動は、百年を越える期間に一度起きる大きさを考え、地盤の加速度として400～500cm／sec²程度の大地震動を想定しています。震度6強から7に相当します。建物に働く水平加速度は重力と同じ1G（980cm／sec²）に達します。このときに人命が損なわれるような崩壊をしないことを、建築基準法は求めています。普通の建物はひび割れが生じ、鉄筋は降伏して伸びてしまいます。建物は崩壊しないものの、大きな損傷を受けることは覚悟して設計しているわけです。

想定した地震力に対して安全性を確認する構造計算の方法としては、一九八一年以降に使われ始めた許容応力度等設計法が代表的ですが、限界耐力設計法、エネルギー法などいくつかの方法があります。構造設計者は建物に応じてこれらの方法を使い分けています。

建築基準は最低レベル

「天災は忘れた時分にやってくる」の言葉で有名な寺田寅彦は、日本の稲作に適した気候「五風十雨」、つまり五日に一度風が吹き、十日に一度雨が降るように大地震が頻繁に起きるなら、そのたびに壊れた家を直すのは大変なので、大地震を受けても壊れない建物を誰もが造るはずだと言っています。ある地点に注目したとき、そこを大地震が襲うのは百年を越える年月に一度なのだから、寿命が数十年にもならない建物を大地震のとき何も被害が起きないように丈夫に造るのは無駄だと考えられているのです。

建築物は基本的に個人財産であり、そこに住む人や利用者の命を守ることは最低条件ですが、大地震を受けても耐えられるように丈夫に造るか、大きな被害を許容するかを決めるのは建て主の判断であり、国や法律が強制してはならないというのが日本国憲法に基づいた考え方です。しかし、先に述べたように、普通に造られる建物は大地震を受ければ大きな被害を受けます。取り壊しや、修復、修繕まで色々な負担がかかるうえ、人々の心の問題や生活、経済活動にも大きな混乱が生じます。これらの災難を地震保険、社会や行政の援助によって賄うのは難しいことです。

建築基準は最低基準に過ぎません。耐震性能を画一的ではなく、社会や建て主の要求に応じて高低を付ける考え方や設計方法が必要です。近年はそうした動きがマンションなどにも取り入れられつつあり、購入者は高い耐震性能をもつ建物を選別できるようになっています。

性能表示で3段階の耐震性能

一般の人々が耐震性能を確認できる方法として、住宅性能表示制度があります。二〇〇〇年に施行された「住宅の品質確保の促進等に関する法律」によるもので、耐震基準については「損傷防止」と「倒壊等防止」に分けてそれぞれ三つの等級が設けられています。たとえば、「倒壊等防止」では、きわめて稀に起きる地震に対して倒壊しないという建築基準法レベルを等級1とし、その一・二五倍の力に対しても倒壊しない性能を等級2、同じく一・五倍の力に対しても倒壊しない性能を等級3としています。

また、新しい耐震構造も使われ始めています。代表的な方法は、基礎の上に積層ゴムを設置し、その上に建物を建設することによって地震の力が建物に入り難いようにした免震構造です。阪神・淡路大震災以降、マンションにも広く採用されるようになり、免震マンションの数は現在では約八百棟に達していま す。住戸内の揺れ自体を軽減できるので、家具や什器の転倒を防げるというように、一般的な耐震構造では得られなかった利点があります。

専門家は社会に向かって耐震技術やその耐震性能を説明しなければなりません。市民の側も現状のレベルを良く知り、より高い耐震性の建物を望んで動きだす必要があります。専門家だけでなく市民も、大地震が起きても大震災にならないように、丈夫なまちを作る努力が必要です。

和田　章・東京工業大学

7 津波警報

Q 日本の現在の津波警報は世界的にも進んでいるとのことですが、どのような仕組みなのですか？

A 日本は世界的に地震活動が活発な地域に属しており、その国土が海に囲まれていることから、これまで何度も津波による被害を経験してきました。一九九三年（平成五年）北海道南西沖地震では奥尻島などに津波が来襲し、二百三十名の死者・行方不明者がありました。さらに過去の一八九六年（明治二十九年）に発生した明治三陸津波では、約二万二千人に及ぶ死者・行方不明者が出ています。また、いつ発生してもおかしくないと考えられている東海地震では、地震発生後すぐに津波が来襲し、津波により最大で約千四百〜二千二百人もの人的被害が想定されています（中央防災会議による）。さらに、こうした日本近海を震源とする地震により発生する津波（近地津波）のほかに、一九六〇年（昭和三十五年）に百四十名以上の死者・行方不明者を出したチリ地震津波のように、太平洋の遠方で発生する地震による津波（遠地津波）によっても被害が生じています。このようなことから気象庁は、「大津波」と「津波」の二種類の津波警報と津波注意報（津波予報）の発表に取り組んできました。

地震発生後三分で津波警報

現在、気象庁は、全国約百八十点の地震計による地震観測網により、二十四時間体制で全国および日本近海の地震活動を監視しています。各地震計で観測された地震波形データは、通信回線により全国六カ所（札幌、仙台、東京、大阪、福岡、沖縄）の津波予報中枢に伝送され、リアルタイムで処理されています。地震発生時には、自動で地震波が検出され、それを処理することにより、

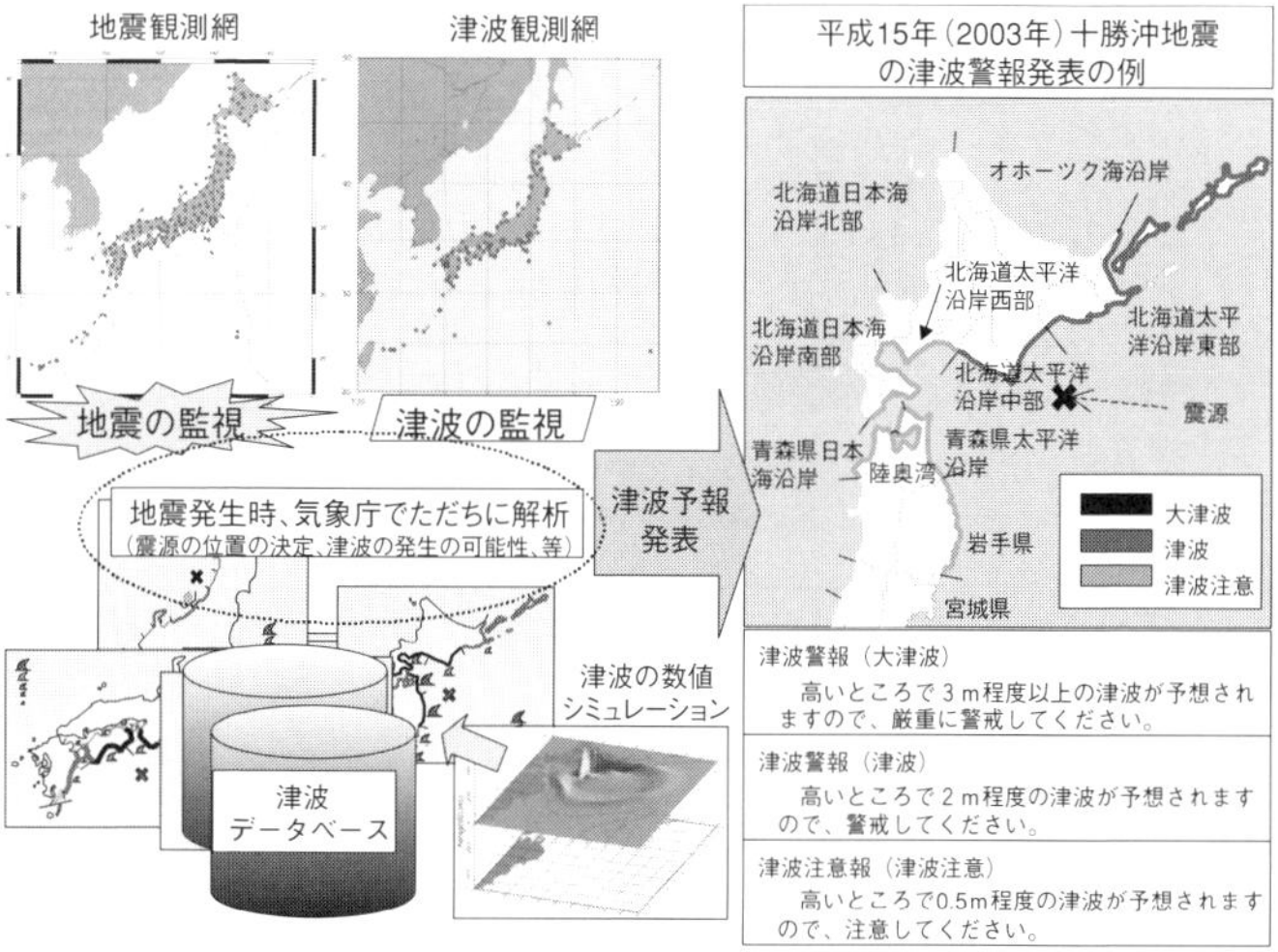

津波予報（津波警報・津波注意報）

職員が震源要素（震源の位置、地震の規模）を決定します。震源の位置が海底下の浅い場所で、地震の規模も大きい場合は、津波が発生することがあるため、決定した震源要素に基づき、津波の高さや伝播時間の数値シミュレーションから、津波が発生する可能性を判断します。

津波の数値シミュレーションは、最先端のコンピュータを使用しても、計算に膨大な時間がかかってしまい、そのまま利用するのでは避難に役立つような、迅速な津波予報の発表はできません。気象庁では、震源の位置（震央、深さ）、地震の規模（マグニチュード）が異なる約十万件の地震を想定して、それによって発生する津波の数値シミュレーションを行って、海岸に到達する津波の高さや到達時間等をデータベース化しています。実際の地震発生時には、このデータベースから、決定された震源要素に最も適合するケースを選び出し、その結果をもとに津波発生の可能性を判断します。そうすることにより日本近海の地震に対して、早ければ地震発生後最速三分程度で津波予報中枢が、全国を六十六に区分した津波予報区ごとに、津波警報や津波注意報を発表します。津波予報は地上回線および衛星回線によって、関係防災機関や報道機関に提供され、住民の皆さんに伝えられることとなります。とくに津波警報は、関係機関を通じて皆さんへの周知に努めることが、法律に定められています。

また、津波予報の発表に続き、気象庁では、津波到達予想時間と予想される津波の高さ等の津波情報を発表します。さらに、全国約百地点の検潮所の潮位データを用いて津波を監視し、津波が観測された場合には、その旨を津波情報で発表します。津波の監視結果等に基づき、津波による災害の恐れがなくなったと判断されれば、津波予報を解除します。

一方、遠地津波に対しては、アメリカの太平洋津波警報センター（ＰＴＷＣ）と緊密な連携をとりながら津波予報を行っています。気象庁は、ＰＴＷＣからの地震情報や独自の解析、諸外国の潮位データ等を用いて、震源要素の決定や海面変動の監視を行います。これらの解析結果をもとに、近地津波と同様に、数値シミュレーション結果を利用して、津波発生の可能性と津波の伝播時間等を予測し、津波予報を発表します。

このように気象庁は、迅速に津波予報を発表するよう努めています。しかし、海岸で強い揺れを感じた場合は、震源の位置はその海岸からごく近くである可能性があり、津波予報が発表されるよりも前に津波が来襲することも否定できません。津波から身を守るためには、海岸で震度四程度以上の強い揺れを感じたら、あるいは、津波警報が発表されたら、ただちに海岸を離れ、安全な場所に避難することが大切です。また、津波注意報の場合でも、海岸には近づかないようにしましょう。

西宮隆仁・気象庁

★…気象庁ホームページ：http://www.jma.go.jp

8 地球温暖化と異常気象

Q 地球温暖化により、台風の発生頻度や規模はどのように変化するのですか?

A 台風は、暖かい海面から供給される水蒸気をエネルギー源として発達し、中心気圧はどんどん下がり、風速も強くなります。つまり、海面の気温が上昇すると台風は発達しやすくなり、強風をもたらす可能性が高まります。地球温暖化により台風が大型化して風速が強くなると、今までに想定されなかった強風が吹き、建築物に多大な被害をもたらす可能性があります。

気温変化の予想

地球の気温は、太陽熱の吸収と地球から宇宙への熱輻射および大気中に含まれる温室効果ガスによる赤外線の熱吸収で保たれています。前者のみ、すなわち大気がない状況では気温マイナス十八℃、それに三十三℃の温室効果ガスによる影響で十五℃程度の気温が保たれています。温室効果ガスにはいくつかありますが、代表的なものが二酸化炭素です。十九世紀中頃の産業革命以降、温室効果ガスの放出が増え、地球温暖化が加速されています。図1には世界全体の年平均気温と三十年平均（一九七一〜二〇〇〇年）との気温差の経年変化を示します。二〇〇四年以前は観測値、その後の値は予測値です。この図から、年々の気温に大きな変化があり、異常気象とみられる年がときどき現れることは認められますが、単年の気温変化で大きなトレンドを論じることができないこともわかります。また、一九八〇年頃までは緩やかな気温上昇がみられ、百年前と比べ〇・七℃程度の差となっています。その後、気温上昇の度合いは高まり、二一〇〇年頃にはさらに二〜三℃の上昇が予測されています。この程度ならたいしたことないと思われるかもしれませんが、たとえば、年平均気温が二〜四℃上昇するということは、現在の札幌の年平均気温が仙台の値に、仙台が東京に、東京が鹿児島になるということです。

棒グラフは各年の値、曲線（―）は年々の変化を滑らかにしたもの、曲線（- -）は温室効果ガスの人為的な排出量が比較的低水準で推移する場合、曲線（……）は温室効果ガスの人為的な排出が比較的高水準で推移する場合の予測値である。

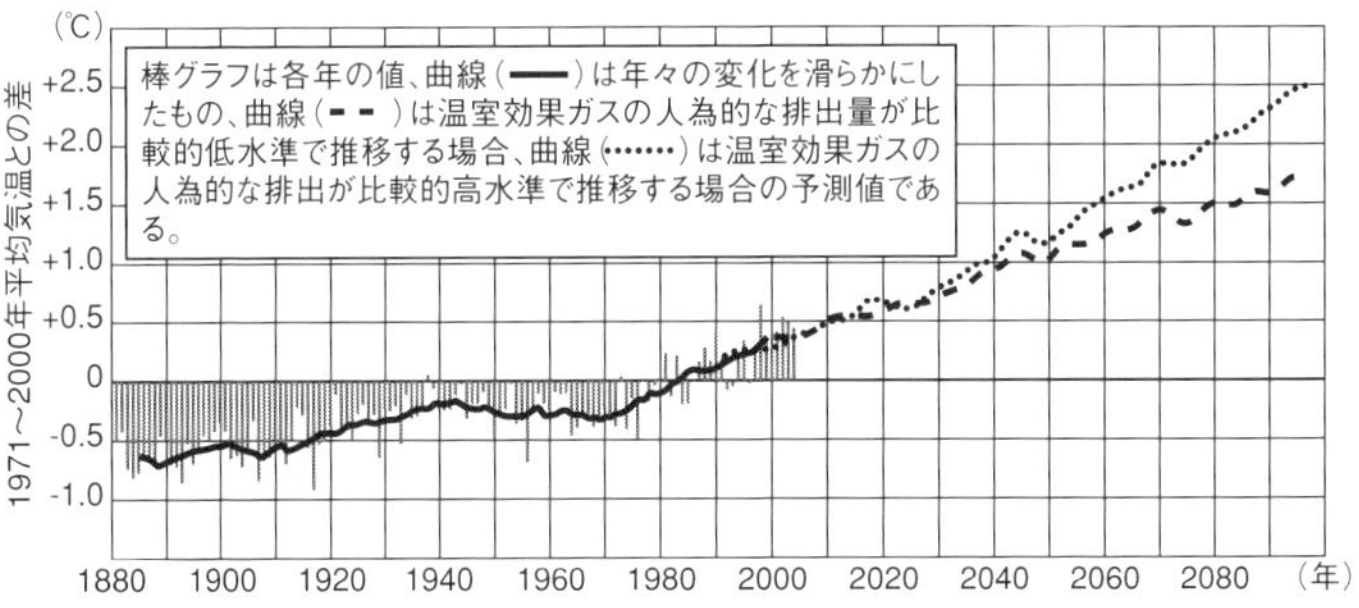

図1 年平均気温（世界全体）の平年差の経年変化[1]

台風の発生頻度

二〇〇四年に日本に上陸した台風は十個でした。同じ頃、アメリカでも巨大ハリケーンが数多く上陸したこともあり、温暖化による影響かと騒がれました。図2には一九五〇年から二〇〇四年までの台風の発生数などの経年変化を示します。台風の発生数は一九六〇年代半ばと一九九〇年代はじめにピークがみられますが、特別に大きな変化傾向はみられません。最大平均風速三十三メートル（毎秒）以上の勢力をもつ台風の発生割合にも、長期的な変化傾向はみられません。

数は少なく、勢力は強く？

今後の台風の発生個数は、どうも減る傾向に

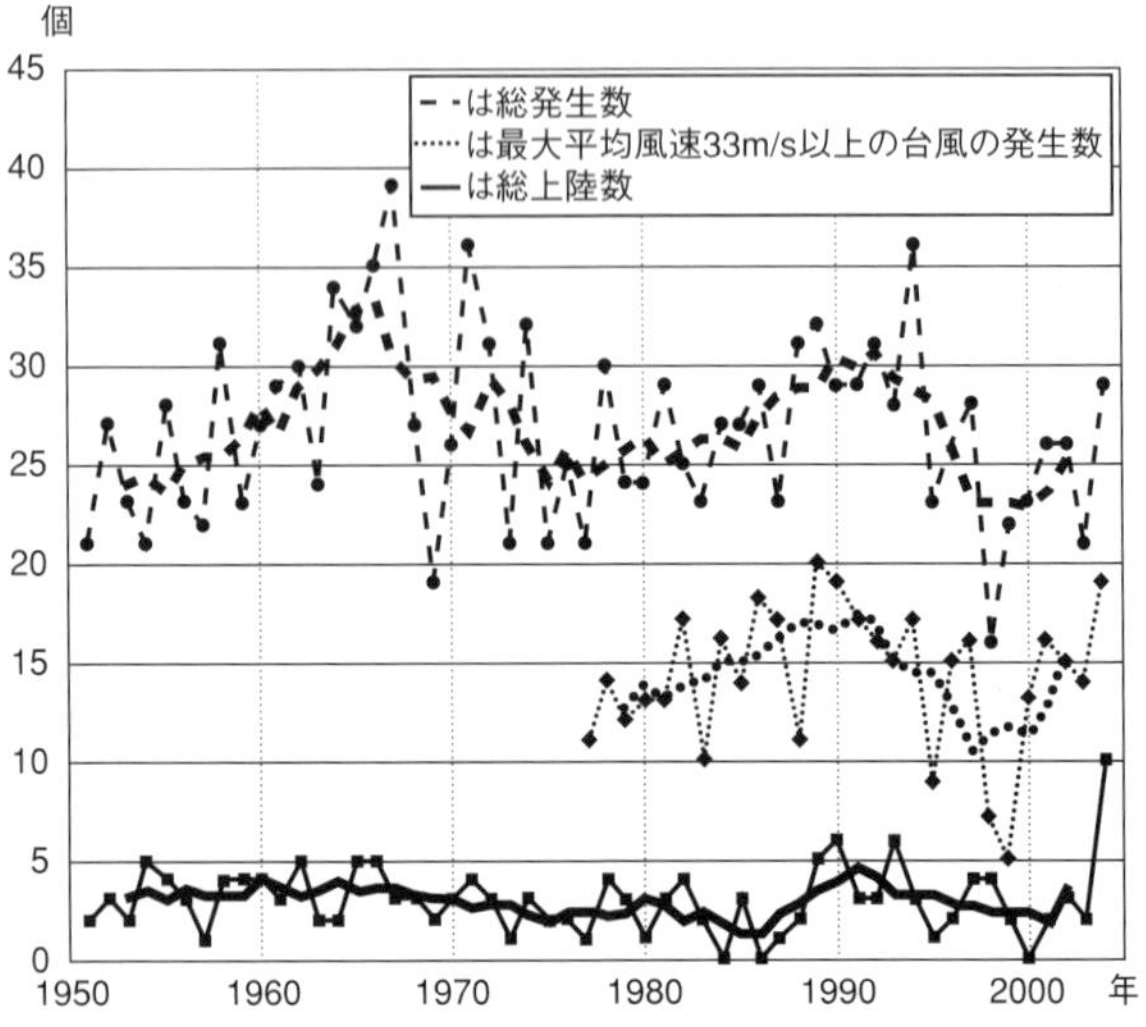

図２　台風の発生及び上陸数[1]

あるようです。この一つの理由として、海面水温の上昇に伴い大気中の水蒸気が増え、その結果大気が安定し、熱帯低気圧の発生が抑制されると考えられているからです。ただし台風が一度発生すると、温暖化のために強まった海面からの水蒸気の供給のため、より規模の大きな台風へと発達する可能性があります。どれだけ風速が増すかを正しく見積もることは難しいですが、建築物に加わる風力は一般的に風速の二乗に比例するので、風速の二割の増加は風力を約一・五倍に、振動しやすい高層建築物などでは三・五乗にもなることがあるので、風力は二倍にもなります。設計風速は台風の来襲頻度等を考慮し、確率的に評価されていますが、温暖化に伴うような長期間の変化の要因は組み込まれていないので、慎重に観察し、また、温暖化が進まない努力をする必要がありそうです。

以上の予測の多くは、世界最大のスーパーコンピュータである地球シミュレータを用いて行われたものですが、予測手法にはまだまだ改良の必要があり、文末にはすべて『らしい』という言葉をつける必要があります。ただし、地球温暖化が確実に進んでいて、そのペースが速まっていることは事実です。

中村　修・風工学研究所

★　…長谷川聡：地球温暖化で「台風」はどう変わるか、Blue Earth／十一・十二月号／二〇〇四年／八～十一頁
★1…気象庁：異常気象レポート二〇〇五概要版／近年における世界の異常気象と気候変動／平成一七年一〇月

9 雷と避雷針

建物に避雷針が付いていれば、雷が落ちても本当に安全なのでしょうか？

雷保護の歴史

落雷は、雷雲と大地の間でたまった静電気の放電現象といってもよいでしょう。しかし、落雷の詳細なメカニズムについては、まだ完全に解き明かされてはいません。

雷対策を科学的に証明したのは、一七五二年六月、雨のなかで凧をあげて実験したベンジャミン・フランクリンが最初であるといわれています（幸い被害にあわずに成功した結果です）。フランクリンの実験以後二十世紀後半まで、雷対策の主な要素は、避雷針、避雷導線、接地極の三要素でした。当時の保護目的は、人間の保護と、落雷時の放電エネルギーが引き起こす熱による火災や破壊から建物を保護することでした。そのシステムは、放電を避雷針部分で受け、放電エネルギーを避雷導線と接地極を介して大地へ導くというものでした。

新しい雷保護の要素

二十世紀になると、高層建物の側壁への落雷事故例から、建物上部に避雷針を設置するだけでは保護できない範囲が存在するということがわかってきました。また、落雷時に建物内の電子機器にも被害が頻繁に発生しました。これらの新しい知見から、雷保護の法規や規格は、建築物等とその内部や上部の人間、設備、そして収容物に対する効果的な雷保護システムを構築することを目的としています。従来の避雷規格の改正版である現ＪＩＳ規格（ＪＩＳ Ａ ４２０１、二〇〇三 建築物等の雷保護）は、外部雷保護システムと内部雷保護システムの二つからなり、避雷針という用語は使われていません。避雷針は、外部雷保護システムのなかの受雷部システムの突針に相当します。なお、この受雷部システムは、突針に加え、屋根などの上部にはわせる水平導体、外壁面に網状に構成するメッシュ導体の組み合わせで構成することになっています。

そのほかにも、落雷時の大電流によって建物内に発生する電位差の部分を、導線で接地に接続する等電位ボンディングという方法が、内部雷保護システムとしてもっとも有効であるとして採用されています。この結果、従来の避雷針、避雷導線、接地の三要素とは異なる複雑なシステムとなりました。

建物内電子機器の保護の必要性

建物内では多くの電子機器やネットワークが利用されるようになり、これらは社会にとって重要な位置づけをもつようになっています。電子機器は、動作電圧も低く電磁誘導に弱い機器であるため、落雷時に発生する大きなエネルギーによって簡単に被害を受けてしまいます。これら設備への対策として、電子機器の保護技術が発展しました。

電子機器の保護には、落雷時のみに動

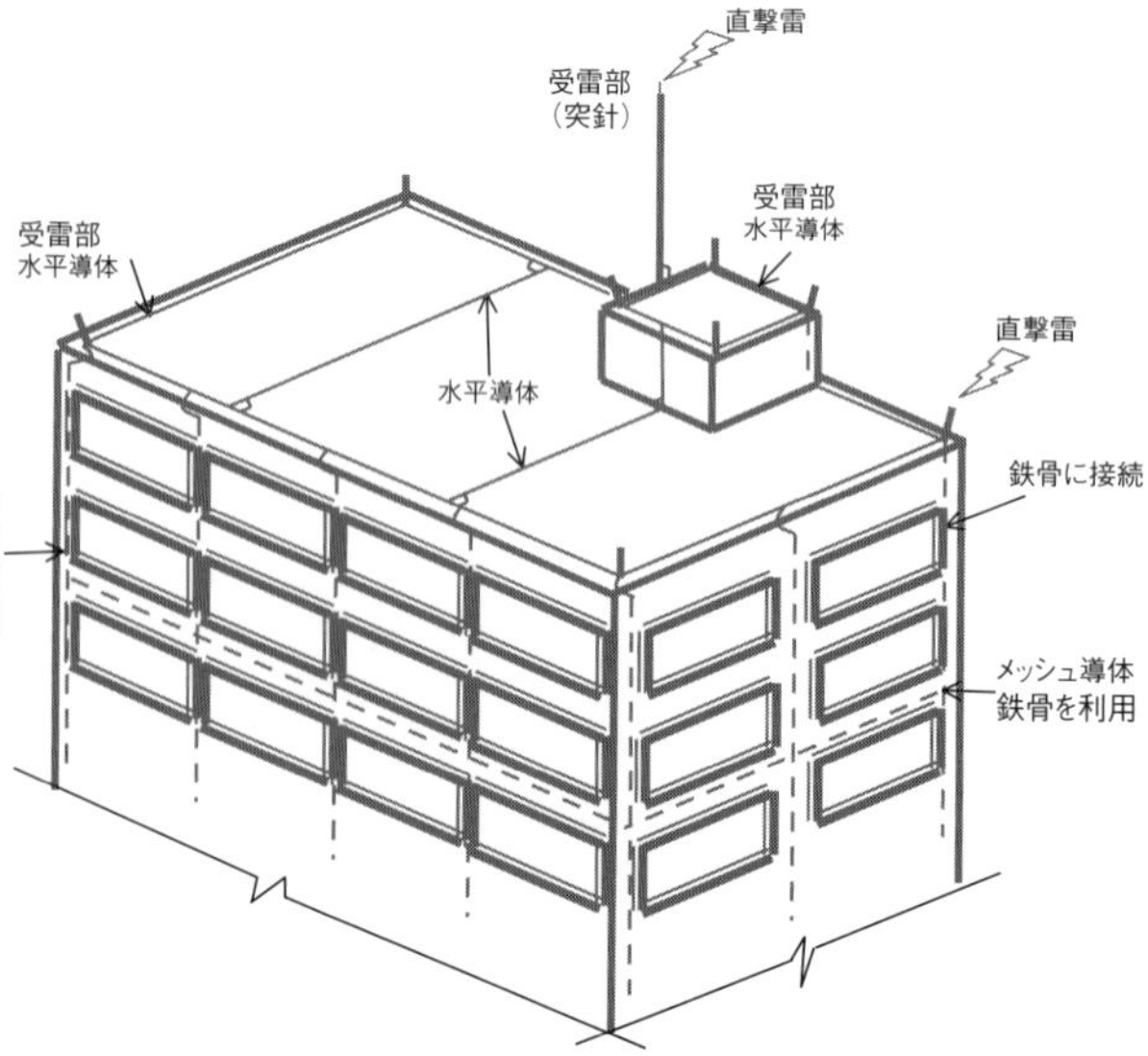

建物上部の受雷部システムの概念図

作して雷撃を受けたときの大きな電流を速やかに接地を介して大地へ放電できるSPD（surge protective device：雷保護装置）と、等電位ボンディングの技術を組み合わせます。多くの電子機器が業務に利用される今日、電子機器の保護は建物にはなくてはならないものになっています。

避雷針で建物を保護できるのか

すべての雷から建物を保護することは、経済的、技術的にも困難です。国際規格では「ある程度の被害は受け入れる」という枠組みも含めて考えています。たとえば安全面では、ある限度以下なら多少危険でも受容されるというもので、「安全である」と「安全ではない」という領域の間に「我慢できる」領域がある、との思想のもとで規格が構成されています。そのため、雷保護の規格でもリスクがゼロにならないとの考えのもとで規格の内容を定めています。つまり、大きな雷に対しては、建物を完全に保護できなくても良いとしています。また、その逆の小さな雷撃に対しては、危険度は少なく、しかも発生頻度が低いので、受容できる領域にあるとしています。

したがって、避雷針を含めた外部雷保護システムがあれば、落雷によって建物等や機器が損傷する可能性はあるが、被害の程度は我慢できる範囲内になると考えられる、ということになります。

林　和博・三菱地所設計

10 建築排煙・消防排煙

排煙設備は建築基準法でも消防法でも規定されていますが、通常は建築基準法に従って設計されています。しかし、地下階や無窓階には建築基準法で排煙免除であっても消防排煙が求められます。建築排煙と消防排煙の違いや、排煙設備設計の際に留意すべき事項を教えてください。

法規ではそれぞれどのように要求されているのでしょうか？

建築排煙は、建築基準法施行令第百二十六条の二で、①劇場、映画館、病院、ホテル、百貨店、遊技場、飲食店、物販店舗等で延べ面積が五百平方メートルを超えるもの、②階数が三階以上で延べ面積が五百平方メートルを超えるもの、③延べ面積が千平方メートルを超えるもの、などに求められています。したがって、ある程度の規模の建築物であれば、ほとんど設置されると考えてよいでしょう。

一方、消防排煙は、消防法施行令第二十八条で、①劇場、集会場等で舞台部が五〇〇平方メートル以上、②地階または窓のない遊技場・百貨店・駐車場、あるいは地下街等で千平方メートル以上のものに求められています。どちらにも免除規定があり、小さく防煙区画を設けたり、直接外気に開放されている部分で一定の条件を満足する場合には、排煙設備が免除になります。

建築排煙と消防排煙の違いは？

消防法に規定される排煙設備の基準は、従来から建築基準法に規定される排煙設備と整合化が図られ、整合化された事項の運用については建築基準法の例によるとされています。しかし、排煙設備の使用想定場面の違いにより、消防排煙と建築排煙とでは設置目的が異なる側面があります。

つまり、建築排煙は初期火災時を想定した在館者の避難安全の確保が目的であるのに対して、消防排煙の目的は盛期火災時を想定した消防隊の安全・円滑な消防活動の確保です。実際、消防法施行令七条において、排煙設備は「消火活動上必要な施設」として最初に掲げられている設備なのです。したがって、消防排煙の観点にたてば、火災が進展しても排煙設備は継続して動いていることが望ましいのですが、実際には排煙設備の仕様は建築基準法によって通常は設計されるので、機械排煙の場合ですと延焼防止のために排煙ダクトに設けられている閉鎖装置（ダンパー）が作動して、火災がある程度拡大すると排煙ファンが止まってしまうという矛盾はあります。

「避難安全検証法」ルートBによる性能設計と排煙設備の緩和

消防法における排煙設備の設置免除要件は、火災時に発生する煙の熱および成分により消火活動上支障が生じないことが判断の目安となっています。しかしながら、建築基準法施行令第百二十九の二に基づくルートBによる性能設計では、「階避難安全検証法」のクリアに伴って、火災の初期段階における避難安全確保を評価対象としたうえでの排煙設備の緩和や免除の規定があります。このことは、盛期火災時における消防隊員の活動上の安全や活動空間確保のうえからは検討の余地があると思われます。また、建築基準法の性能規定化によって、消防活動上も好ましく増えつつあった非常用エレベータ乗降ロビーにおける加圧防煙システムが、旧三十八条大臣認定で認められていたような形で設計できなくなったという問題点も指摘されています。一方、総務省消防庁では、非常用エレベータ乗降ロビーや特別避難階段付室等の消防活動拠点における加圧防煙システムが性能評価できるような客観的検証法の検討を行っています。

建築排煙と消防排煙の調和をとるために設計上考慮すべきことは何か？

建築は初期火災、消防は盛期火災というように、建築排煙と消防排煙では対象としている火災外力や時期が異なります。また、避難は、不特定多数者、子どもや老人、就寝時の人などさまざまな条件の人たちが通常の服装をしている状態で行われるものですが、消防活動は、防火衣、マスク、呼吸器等を装備している消防隊員が行う作業ですので、自ずと要求性能に違いが出てくるのは当然かも知れません。ところで、消防活動安全は、避難安全の確保とは異なり、外部から火災側へと消防隊の進入ルートに沿って隊員の活動安全を確保していくという発想の違いがあります。その意味で、加圧防煙システムは、火災初期には避難経路を守り、盛期火災後も消防活動拠点を守るという両方の目的を果たすことが期待できるので、望ましい排煙設備システムの一つであると考えられます。

関沢　愛・東京大学

先端技術

11 広い空間をつくる

Q 世界一大きいドームはどこにあるのですか？何に使っているのですか？

A 超高層の世界一はいつも話題になりますが、広い空間の世界一は案外知られていないようです。ローマ時代から大空間を覆う建物は数多く作られてきました。現代に至るまでの大空間の用途は、大きく分けて次のようなものがあります。

1. 宗教的な空間（カテドラル、モスクなど）
2. 生産するための空間（工場、屋内農場、飼育所など）
3. 展示するための空間（コンベンションセンター、博覧会施設、温室など）
4. 格納・貯蔵するための空間（飛行機格納庫、石炭貯蔵庫など）
5. スポーツ・レジャーのための空間（屋内野球場、サッカー場、テーマパークなど）

6．ターミナル空間、ホールなど移動の結節点となる空間（駅舎、空港施設、アトリウムなど）

紀元一二八年に建設されたローマのパンテオン（直径四十三メートル）は古代のコンクリートで作られており、ほぼ十九世紀までその世界一の座を守り続けました。この間に、石造アーチやドームを用いた多くのカテドラルやモスクなどの宗教空間が建設されました。パンテオンと同等のスパンを実現したドームとしては、イスタンブールのハギア・ソフィア大聖堂やローマ・バチカンのサン・ピエトロ大聖堂、フィレンツェの大聖堂などが著名です。

十九世紀に入り、鋼鉄と鉄筋コンクリートが発明されると、多目的の大空間構造が数多く作られるようになりました。鋼鉄はトラスやラチスドームを形作ったり、ケーブル構造を構成したりすることができ、鉄筋コンクリートもシェル構造を構成することができます。これらの技術は、空間構造の可能性を飛躍的に増大させ、ロンドン博覧会のクリスタルパレス（鋼材トラス、展示場）、シドニーオペラハウス（リブ付きコ

ブラント・エアー・ハンガー（ドイツ）

ンクリート、劇場）など百mを超える造形的にも優れた建築が数多く建設されました。わが国でも、国立代々木体育館（ケーブル構造、スポーツ施設）、東京カテドラル（コンクリートシェル、宗教施設）、幕張メッセ（鋼材トラス、展示場）などが有名です。

用途別にみると、最も大きい無柱空間を必要とするものは、格納庫とスポーツ施設といえます。ジャンボ旅客機や飛行船を格納する構造には百～三百メートルの無柱空間が要求されます。また、スポーツ施設では野球場とサッカー場が直径約二百メートル級の空間を必要とします。なかでも、アメリカのジョージア・スーパードーム（鋼材ラチスドーム）は直径二百八十メートルと最大の規模となっています。空気膜構造という新しい構造形式も考え出されました。これは、テフロン膜などで覆われた内部空間に、外部よりやや高い空気圧を与えることによって、空気の力で屋根を支えようとする画期的な構造で、理論上は屋根構造の自重を気にせず、いくらでも大きな空間を覆える理屈になります。ただし、暴風時・積雪時の膜の安定性や、空気圧を維持する送風機の性能などもあり、現在建設されているドームの大きさは、二〇〇メートル級に留まっています。

二十一世紀の大スパン構造

二十一世紀を迎えるに当たり、ロンドンでは直径三百二十メートルを越えるミレニアム・ドームが建設されました。この建物は、屋根から突き出た柱とケーブルにより膜を安定させた構造になっています。ただし、内部に柱が建っていますので、完全な無柱空間とはいえません。用途は当初イベント・展示空間として使用されましたが、今後の用途は未定のようです。

無柱空間としては、鋼材トラスを用いて二〇〇〇年に飛行船の格納庫として建設されたドイツのブラント・エアー・ハンガーが三百六十メートル×二百十メートルのスパンを実現しており、二〇〇五年現在、世界最大のようです。ニューヨークの自由の女神が立ったまま入り、横浜ランドマークタワーや東京タワーが横倒しにしてすっぽり入る大きさと聞けば、その大きさが実感できるでしょうか。

この建物は現在は格納庫としてではなく、屋内テーマパークとして使用されています。吊橋としては、二千メートルを越えるスパンを架け渡す構造が実現していることから、これを横に並べれば、技術的には二千メートル×無限大の空間構造でも建設可能ですが、人間の営みは現在のところ、そこまでの無柱空間を必要としてはいないようです。

竹内　徹・東京工業大学

★…藤本盛久：構造物の技術史、市ケ谷出版社、二〇〇一

★…M.Janner, R.Lutz, P.Moerland, T.Simmonds: The World's Largest Self-Supporting Enclosure, The Cargo Lifter Hanger in Brand, Germany, The Arup Journal, 2001.2

12 超高層建築

Q 超高層マンションのメリットとデメリットを教えてください。

A

設計者から見た魅力と価値

東京や大阪の都心部、湾岸エリアでは、多くの超高層マンションのプロジェクトが実現し、都市居住者に魅力的な住宅として受け入れられています。公園や利便施設を有効に利用できる立地、土地の高度利用により実現された購入可能な販売価格、高層階からの眺望の良さや充実した共用施設など、超高層マンションはさまざまな魅力を備えています。さらに、ここ十年で超高層マンションに関連する設計・生産技術は飛躍的に発展しています。高強度コンクリートの開発、免震構造や制振構造、快適な住宅設備や充実したセキュリティ、足元に設けられた緑豊かな空間や魅力的なインテリアなど、居住者が最新のソフトやハードを享受できるのも大きな魅力です。しかし真の価値は、超高層マンションが都市居住者の多様なライフスタイルやニーズを受け止める都市住宅として、高いポテンシャルを備えていることだと思います。最近の多くの事例では、設計にスケルトン・インフィルの考え方が導入されています。スラブや戸境壁の遮音性を高め、免震・制振技術により柱・梁を居住空間から無くすことで、住戸の広さや各住戸のプラニングの自由度が高まり、多様なライフスタイル・ライフステージに対応した多種多様な

プランが実現されています。同時に将来の変化に備えた可変性も担保されています。これは、戸境壁を構造壁として利用するため、プランニングの自由度が相対的に低くなる一般的な板状形マンションとの大きな違いです。超高層マンションは都市居住者のための住宅として要求されるさまざまな機能と快適な居住性を高いレベルで満足させています。この高い基本性能こそが超高層マンションの魅力であり、真の価値であると考えています。

大内政男・三菱地所設計

A

超高層マンションのメリット・デメリットについて、周辺地域・住民および居住者の立場からみていきましょう。

まず周辺地域・住民にとっては、オープンスペースの確保、併設諸施設の開発に伴う生活利便の向上、住宅の選択肢の増加などのメリットが挙げられます。逆に、電波障害、日影、風害、景観などの問題を引き起こすことがあります。高層建築はランドマークとなり、単調な景観を引き締めるという理由から歓迎される傾向にありますが、慎重な判断が求められます。

居住者にとってのメリットは、至便立地に伴う希望のライフスタイルの実現、景観問題とは対の関係にある良好な眺望、豊富な共同施設などです。デメリットは、住戸と地上との距離の乖離に加えて、建物の大規模性、多くの共用空間、住戸の閉鎖性等に起因する災害時の諸問題（避難、地震による揺れ等）、子どもの外出行動の阻害・子育て困難、住環境ストレス、防犯性低下、コミュニティ形成などの問題が考えられます。最近は免震構造が増えていますが、阪神・淡路大震災では揺れによる大きな被害を被りました。ライフライン停止時の問題は深刻です。建物の被害が少なくても、周辺で大規模火災が発生すれば居住者は階段による避難を余儀なくされます。地震で停止したエレベータの安全確認が済むまでの間、階段を使って生活物資や飲料水を運ばなくてはなりません。防犯対策は、二重オートロックシステム、防犯カメラの設置、二十四時間常駐警備員による巡回等、かなり進んできていますが、一棟に数百戸が入居するために共用玄関の人の出入りは頻繁で、外来者も容易に入れることを念頭に置く必要があります。とくに超高層マンションは、周囲から目立つ存在となるため、反社会的行為のターゲットになるおそれがあります。また分譲の場合、大規模修繕費用の増加や居住者の合意形成等、管理上の課題があります。

超高層マンションは、種々の問題を解消あるいは軽減する方向で技術開発が進められてきているのですが、問題の様相は立地、空間特性、入居者属性によっても異なり、基本的には上記の課題を踏まえておくことが重要です。

瀬渡章子・奈良女子大学

13 地下空間の利用

Q 地下空間の利用方法として どんなものが検討されていますか？

A 地下空間の利用方法は、地表面から浅い所の地下街・地下駐車場などから、建物の基礎として使用しない四十メートル程度より深い大深度地下に水道管などを建設したり、地下千メートル程度に二酸化炭素を貯留する計画など、多くの利用方法があります。用途別に利用方法を概説します。

生活基盤関連施設

上水道施設として、神奈川県横須賀市の湘南国際村階層式貯水池などがあり、下水道施設として、東京都新宿区落合処理場には地下処理場のほかに水辺に親しむ「せせらぎの里」などが設けられています。

ごみ処理施設は、ごみを輸送するパイプラインを地下に建設する事例があり、多摩ニュータウンでモデル事業として採用されています。

電力・ガス供給施設は、地中送電線、地中ガス導管が一般的です。東京都区内の変電所の内、約四割が地下変電所です。

このほか、地域冷暖房施設、通信施設なども地下が利用されています。

これらの地下施設を個別に建設するのでなく、道路下に共同溝を建設し、地下導管を集約して維持管理をし易くしている事例も増えてきました。

交通・商業関連施設

地下街、地下歩道、地下駐車場としての利用が多

実証ミニドーム

く、福岡の天神の地下街の拡張工事は最近の事例です。上野公園の前でも、地下歩道、地下駐車場の工事が進行中です。

地下鉄はわが国では多く建設され、国民に親しまれています。東京では、つくばエクスプレスが開通し、さらに東京駅までの延伸が大深度地下で検討されています。

都市道路トンネルも地下に多く建設され、最近では、東京の首都高速新宿線が地下にシールド工法で建設中で、地上へのアクセス部では大断面の地下構造物が施工されています。

エネルギー関連施設

わが国では揚水発電所が多く、五十箇所以上の地下発電所が建設されています。

オイルショック以降、地下石油備蓄が検討され、岩盤空洞内に原油を貯蔵する基地が岩手県、愛媛県、鹿児島県に建設されました。

地中タンクは、原油、クリーンエネルギーとしてわが国では多く使われているＬＮＧ、ＬＰＧの貯蔵用に建設されています。最近は、ＬＰＧ基地を地下の岩盤内に建設中です。

そのほか、石油のパイプラインにも利用されています。

治水関連施設・その他の施設

都市河川に直接流入する雨水が増大し、都市型洪水の危険性が高まってきました。その対策として、地下河川、地下調整池が建設されています。東京の神田川、外郭放水路などが有名です。

文化・スポーツ施設にも地下が活用され、国立国会図書館、調布市総合体育館などは有名です。研究・実験施設として、ノーベル賞で注目を集めた神岡鉱山のカミオカンデなどがあります。レジャー施設、地下工場にも利用されています。

わが国では地震対策として、地下に防災センターを建設したり、横須賀市には飲料水を貯水する下町配水幹線が建設されています。

奥村忠彦・エンジニアリング振興協会

14 宇宙空間の利用

Q 国際宇宙ステーションの建設ではどのような工夫がされているのですか？

A 国際宇宙ステーション（ISS）とは、地上約四百キロメートル上空に建設が進められている巨大な有人施設で、地球の周りを約九〇分で一周しています。微小重力等の宇宙の特殊な環境を活かし、長期間の実験をすることが目的の施設です。一九九八年に建設が始まり、二〇一〇年に完成予定です。ISSの各モジュールは分割して打ち上げられ、宇宙飛行士が約千二百五十時間の船外活動で組み立てます。

宇宙ステーションは多国籍

建設には世界十五カ国が参加しており、アメリカが全体の取りまとめとして各国モジュールのサイズ、電力、通信等の開発仕様（スペック）を決め、各国が自国のモジュールについて責任をもって開発と運用を行います。なお、各国でつくられたモジュールを結合する機構はアメリカにおいて製造されています。

ＩＳＳは、実験棟六棟、居住棟、ロボットアーム、太陽電池パネル、トラス、そして結合部から構成されています。日本は、そのうちの一つの実験棟「きぼう」をつくっています。居住棟はロシアでつくられており、寝室、トイレ、運動器具、調理設備などがあります。内部はそれほど広くはありませんが、微小重力空間であるため六面がすべて使え、宇宙飛行士には地球上よりも広く感じられるそうです。また、体を固定するための固定具を取り付けることもできます。

宇宙ステーションの建設と宇宙の環境

ＩＳＳの構造は、打ち上げから取り付けまで、一連の状態における力や環境を考慮して設計する必要があります。スペースシャトルに搭載し打ち上げる際には三Ｇ程度の加速度がかかりますし、振動や音による影響もあります。また、打ち上げ時の高度変化によって熱的な環境や圧力が変わることや、ＩＳＳに取り付ける際に加わる力や振動、内部が一気圧で外部が真空であることによる圧力差も考慮する必要があります。また、宇宙空間では隕石、デブリ（宇宙ゴミ）が衝突する可能性もあります。そのため、「きぼう」の各モジュールの周りにはバンパを付け、直径一センチメートル以下の隕石、デブリが衝突しても構造が破壊されないように保護しています。隕石、デブリが一～十センチメートルの場合には、穴が生じても急激な破壊がないようにしています。なお、十センチメートル以上の隕石やデブリが接近してきたときには、ISSの軌道を修正して回避します。

次に、ISSの内部についてですが、ISSには最大七人が乗ることができ、「きぼう」では通常二人、時間制限付で最大四人の活動ができるように換気などの設計がなされています。

　宇宙空間の温度変化は大変激しく、「きぼう」に取り付けられたバンパの表面温度はマイナス百八十℃からプラス百五十℃くらいになります。結露によ

日本実験棟「きぼう」（フライトモデル）（提供：ＪＡＸＡ）

国際宇宙ステーション完成予想（提供：ＪＡＸＡ）

る金属腐食や電気的短絡を防止したり、冷却水の凍結を防止したりするため、多層断熱材等を用いて熱を遮断します。また、ISS内部で発生する熱についても考慮する必要があります。人間の体から発生する熱は空気循環によってキャビン熱交換器と呼ばれる内部にフィンのあるハードウエアによって熱交換され、実験機器から発生する熱はコールドプレートと熱交換器によって熱交換されます。「きぼう」では中温と低温の冷却水系統があり、内部発熱のほとんどは冷却水に集められ、ISS本体側の冷媒であるアンモニアに熱が受け渡され、最終的には放熱板から宇宙空間に排熱されています。このようにしてISS内部の温度を十八・三℃から二十六・七℃に制御しています。なお、冷却水は、腐りにくくするために純水にリン酸ナトリウムやホウ酸ナトリウム等を添加したものが使われています。

また、空気中の微粒子や微生物の除去はHEPAフィルタを用いた吸着で行います。また、装置類を構成する材料は有害物質がほとんど出ないようなものが選択されています。

ISSの運用期間は十年間で、それ以降については未定です。ロシアの宇宙船ミールのように軌道を制御して海に廃棄した例もあり、ISSも海に廃棄する案があるかもしれません。

（二〇〇五年六月二十八日　宇宙航空研究開発機構にてインタビュー）

工藤　拓・宇宙航空研究開発機構

15 建設ロボット

人の代わりに作業をするロボットが増えていると聞きますが、建物を建設するロボットはありますか?

建物を作るには、いろいろな職種の人たちによる多くの作業が必要になります。基礎を作る作業、建物の骨組みを作る作業、建物の給排水や空調、搬送などの設備を組み立てる作業、外装や内装の作業など、さまざまな作業によって建物は作られます。その作業を人に代わって行う建設ロボットの開発が一九七〇年代の末頃から取り組まれてきました。技能労働者の不足や作業の安全確保、苦渋作業からの開放、施工品質の安定化などが主なねらいです。

建設ロボットの開発

初期に開発された建設用ロボットは、人に変わって一つの作業を行うロボットということから、スタンドアロン型ロボットといわれています。これまでに約百六十種ものこの種類のロボットが開発されてきました。これらは、人手による作業の遣り方をそのまま代替するものとして考案されましたが、人ほど状況に応じたフレキシブル性はなく、適用範囲が限定されていたため、多くの種類のロボットが建設現場に必要になってしまいます。

工場全体がロボットになる?

こうしたなかで、ロボットに適した作業方法を考案して、建物の骨組や外壁、設備などの組立作業を総合して行うシステム化されたロボットが一九九〇年頃に大手建設会社により開発されてきました。これをビル自動化施工システム(文献1、2)と称しています。これは、スタンドアロン型ロボットに

ビル自動化施工システムの例（外観）

代わって、建物を作る工場（以下、施工工場と称します）のなかで、自動化機械やロボットを効率的に使用して、部品化された建物部材を組み立てることにより、建物を建設しようとするものです。この施工工場は、自分で組み立てた建物の骨組みの上に乗り、それ自身が垂直に移動できるように作られています。この施工工場のなかに自動天井クレーンや垂直揚重設備、溶接ロボットなどを配置して、マン・マシンの協調作業により建物の部材を組み立てていきます。建物の部材には、鉄骨の柱や梁部材、床のプレキャスト・コンクリート版や外壁パネル、設備の配管ユニットなどがあります。これらの部材は、予め製造工場などで製作されて、建物の建設される現場まで運搬されてきます。そして、垂直揚重機を利用して、所定の階まで搬送され、自動天井クレーン等で組み付けられます。建物の一階分の部材の組み立てが完了すると、この施工工場の荷重を今組み立てた建物の骨組みに移し変えて、施工工場を次の一階分の位置までクライミングさせて、新たな作業空間を確保します。このように施工工場内での建物部材の組み立てと施工工場のクライミングを所定の階まで繰り返しながら建物を完成させます。

施工工場を構成する骨組みは、予め建設する建物の最上階の骨組みを利用して構築しておきます。施工工場が所定の階までの建物の組立を終えた後、この施工工場をクライミングダウンして、その骨組を組み立てた建物の骨組みと一体に接合します。その後、施工工場の屋上に設置した解体用ジブクレーンにより、自動天井クレーンや垂直揚重機などの工事機械設備や仮設設備を解体して、残った外壁などの取り付け

ビル自動化施工システムの例（施工工場の内部）

を行って建物が完成します。

建設ロボットの今後

ビル自動化施工システムの施工工場は、屋根や外壁で覆われていますので、天候の影響をあまり受けずに作業を進めることができ、工期が安定し、従来よりも短縮されています。また、自動化により作業人数は少なくなり、重労働や苦渋作業からも開放されています。そして、施工工場により外部への音や光などの影響を制御でき、昼夜を問わず安全に作業を行える設備と環境が整えられます。近い将来、夜間には無人化施工を行いながら二十四時間操業で建物を建設することも可能になるものと思います。

汐川　孝・大林組

★…1　日本建築学会　コンストラクション　オートメーション（丸善、二〇〇二）、一〇八～一一八頁

★…2　長谷川幸男　建設業のロボット化（工業調査会、一九九九）、三六四～三七二、四〇二～四一二頁

先端技術

16 津波と建物

Q 沿岸域における建築物の設計では地震力と津波による力のどちらの影響が大きいですか?

A 二〇〇四年十二月二十六日に発生したインドネシア・スマトラ沖地震(マグニチュード九・〇)インド洋津波では、二十二万人以上が死亡・行方不明になり、約二百万人が被災したとされ、歴史上最大規模の自然災害となりました。まるで、大河の流れのような津波の氾濫の様子が報道され、その猛威に人々は成すすべもなく、恐れおののいているばかりでした。

また、政府の中央防災会議・専門調査会(溝上恵座長)は、北海道東部や岩手県で大規模な津波が地震発生後三十分程度で押し寄せる可能性があると予測しています(二〇〇五年六月二十三日、朝日新聞)。

このように、津波の脅威が現実味を帯びてくると、「耐震設計された建築物は、はたして津波に耐えることができるのだろうか?」という疑問がわくのは当然のことと思います。

建築物の設計基準・規準と津波

では、建築物の設計にあたって、津波の影響はどのように扱われているのでしょうか。建築物の安全性確保の根拠となる建築基準法・同施行令には建築物に作用する荷重及び外力のなかに、水圧という表現はあるものの、直接津波に関する記述はないようです。日本建築学会の「建築物荷重指針・同解説（二〇〇四）」にも関連した記述はみられません。わずかに、日本建築学会の「海洋建築物構造設計指針（固定式・一九八九年、浮遊式一九九〇年）同解説」に津波に対する記述はみられますが、具体的な設計上の取扱いは示されていません。

しかし、大変タイムリーなことに、二〇〇四年十一月、日本建築センターから「津波に対する建築物の構造設計法について―その2：設計法（案）」が提案されました。以下に、この設計法（案）に示されている津波荷重算定式（（1）式、図1）に基づいて、鉄筋コンクリート造建築物を例に簡単に検討してみましょう。

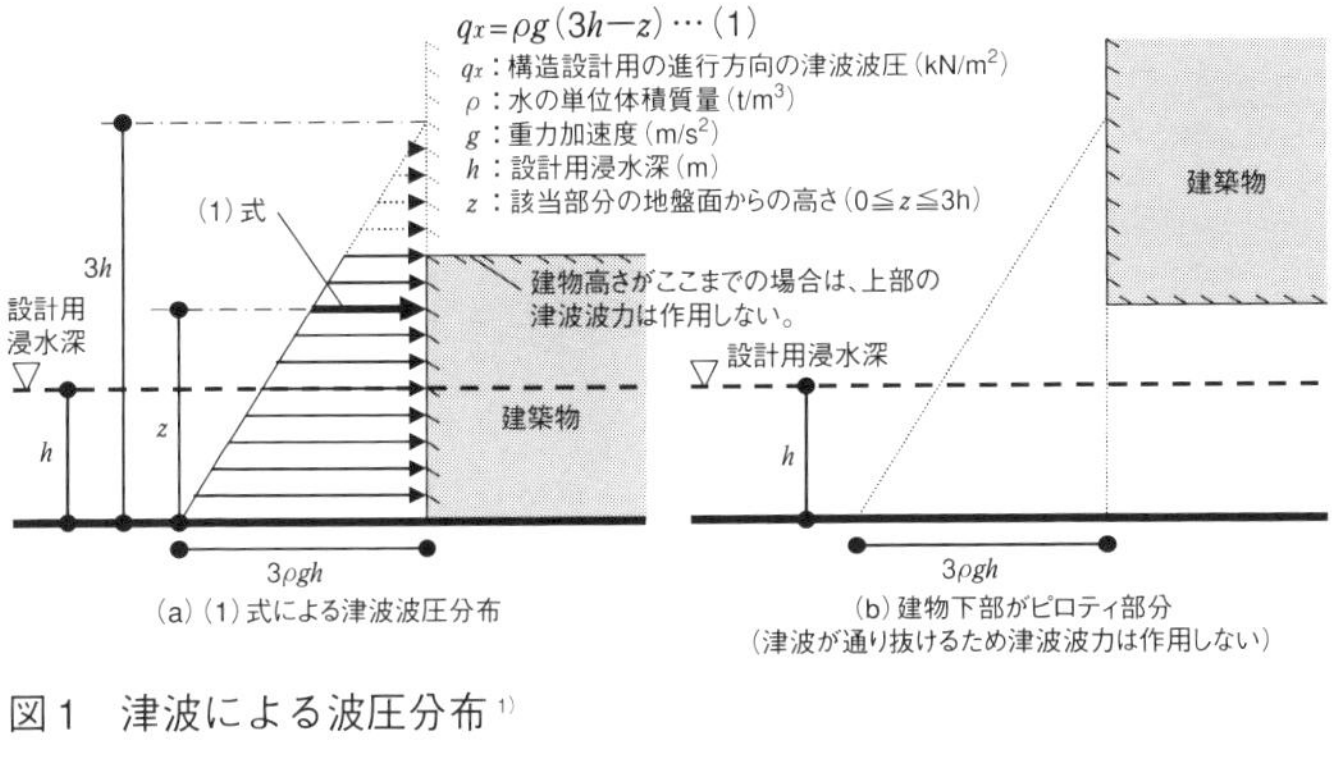

（a）（1）式による津波波圧分布

（b）建物下部がピロティ部分
（津波が通り抜けるため津波波力は作用しない）

図1　津波による波圧分布[1]

建築物に作用する津波の力

想定した建物(図2)は、津波を受ける面が長い長方形の平面形で、短辺方向は約十二メートル、津波を受ける面は全面強固な壁で閉ざされているものとします。図には、長辺方向の幅一メートル当たりに作用する津波の波圧分布を、設計用浸水深(図のh)が二メートルと三メートルの場合について描いています。図の下に、この建物の地震に対して要求される耐力(幅一メートル当たりの必要保有水平耐力Q_{un})と津波波力(Q_T)とを比較した計算例を示しました。計算結果から、hが二メートルの場合、平屋建では津波波力が必要保有水平耐力より大きくなり、二階建では必要保有水平耐力が津波波力より大きくなります。つまり、二階建以上では、耐震設計されていれば、津波に抵抗可能となります。hが三メートルの場合は、五階建でやっと地震に対して必要な耐力が津波波力を上回ります。

設計用浸水深が二〜三メートルの場合には、最大の設計用津波波圧が一平方メートル当たり約60〜90 kNと大きな値となるので、一般の建物では、受圧面にある出入口や窓などの開口部はもちろんのこと、壁・柱にも局部的な損傷が生じる可能性があり注意が必要です。一階がピロティ形式の構造では、図1(b)のように津波が通り抜けて津波波力はかなり低減しますが、ピロティ形式は地震時に不利な場合があるので、耐震設計上の配慮が必要とされています。津波の来襲が予想される地域ではこうした建物の実状を考慮して、地震にも津波にも強い建物を設計することが必要であると思われます。

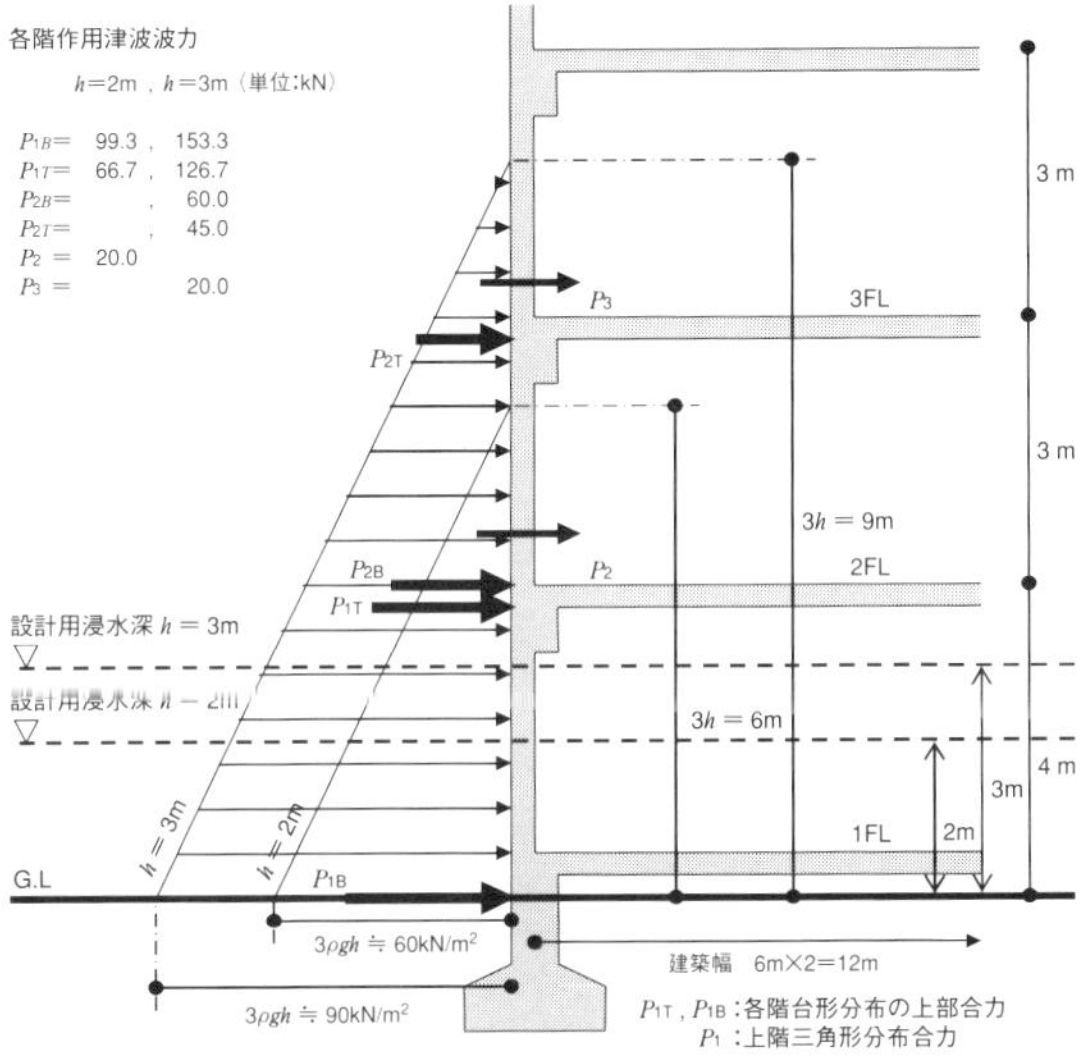

図2　建物単位幅（1m）の津波波圧分布

■地震に対して要求される必要保有水平力（Q_{un}）と津波波力（Q_T）との比較

建物の単位床面積当りの重量＝12 kN/m^2

構造特性係数 D_s＝0.4, 他の係数は1.0とする。

この建物の地震に対して要求される一層当たりの必要保有水平耐力（Q_{un}）は、Q_{un}＝0.4×12 kN/m^2×1 m×12 m＝57.6 kN

（1）設計用浸水深（h）が 2m・平屋建の場合の津波波力（Q_T）

$Q_T = P_{1T} = 66.7$ kN で、$Q_T > Q_{un}$

となり、津波波力が必要保有水平力を上回る。

（2）設計用浸水深（h）が 2m・二階建の場合の津波波力（Q_T）

$Q_T = P_{1T} + P_2 = 66.7 + 20.0 = 86.7$kN

一階での必要保有水平力（Q_{un}）は、

$Q_{un} = 57.6 \times 2 = 115.2$kN で、$Q_T < Q_{un}$

となり、地震に対して必要な耐力が津波波力を上回る。

（3）設計用浸水深（h）が 3m・四階建の場合の津波波力（Q_T）

$Q_T = P_{1T} + P_{2B} + P_{2T} + P_3 = 251.7$kN

一階4層での必要保有水平力（Q_{un}）は、

$Q_{un} = 57.6 \times 4 = 230.4$kN で、$Q_T > Q_{un}$

となり、津波波力が必要保有水平力を上回る。

安達　洋・日本大学／小林昭男・日本大学

★1…岡田恒男 ほか五名／津波に対する建築物の構造設計法について　その2　設計法（案）―／ビルディングレター 四六五号（二〇〇四）／一～八頁

いい家を造る

17 家のリサイクル

Q 家を建替えるときに、古い家の下取りができると聞きましたが、本当ですか？

A 家を建替えるときに、長年慣れ親しんできた家は建設廃棄物というごみになってしまいます。通常四十坪の住宅では、約五十トンの資材（そのうち半分が基礎で残りの半分が建物部分）が使われており、その重量は、四人家族の家庭から出るごみの約三十五年分に相当します。それが一度に「ごみ」となってしまうのですから大変な量です。もしも建設廃棄物がごみにならないで下取りをしてもらい、そのままほかの場所で使い続けられたらいいですね。

いろいろな工夫で廃棄物を減らす

省資源化の方法としては、リデュース（ごみを出さない）・リユース（そのまま再使用する）・

リサイクル（別のものに再生して利用する）の3Rがあります。古い材料をそのまま使ったり、古い家屋をそのまま建て直したり（再築）することはリユースになります。

皆さんは古材販売を知っていますか。古い建物を解体するときに、そこで使われていた家具・建具・建築金物・梁や柱などを丁寧に取り外し、各パーツをそのまま販売しています。手に入れることが困難になった材料や製作していない金物などを再販売することで資源の有効活用にもなりますし、歴史的に意義のある建物などは、いったんばらして別の場所に移動して建て直し（再築）をすることもあります。ただし、これらの事例は希少価値のある建材や建物だから、お金がかかっても相応の価格で販売されたり、建て直しをしますが、一般的な家の場合はほとんど実施されていません。

その理由は、古い家を丁寧にばらして再築するよりも、その場で解体して、新しい家に建替えたほうが安くできるからです。在来の木造住宅では、接合材に七千本以上のくぎやボルトが使われています。それらを一本一本丁寧に外して、各部材を取り外して補修し、それらを再び七千本以上のくぎやボルトで取り付け直すわけですから、大変な手間と費用がかかることがわかると思います。

そうはいっても、地球上の限られた資源を有効に利用するためには、まだまだ使える材料を再使用していくことが大切です。日でも早く、簡単に家を分離して、新築するよりも安価で再築することができれば、解体時のごみを減らし、かつ、再築時の新たな建材使用量も少なくなります。

再築？新築？

実は、二〇〇二年の五月から、リユースによる再築システムの家の販売が始まりました。ユニッ

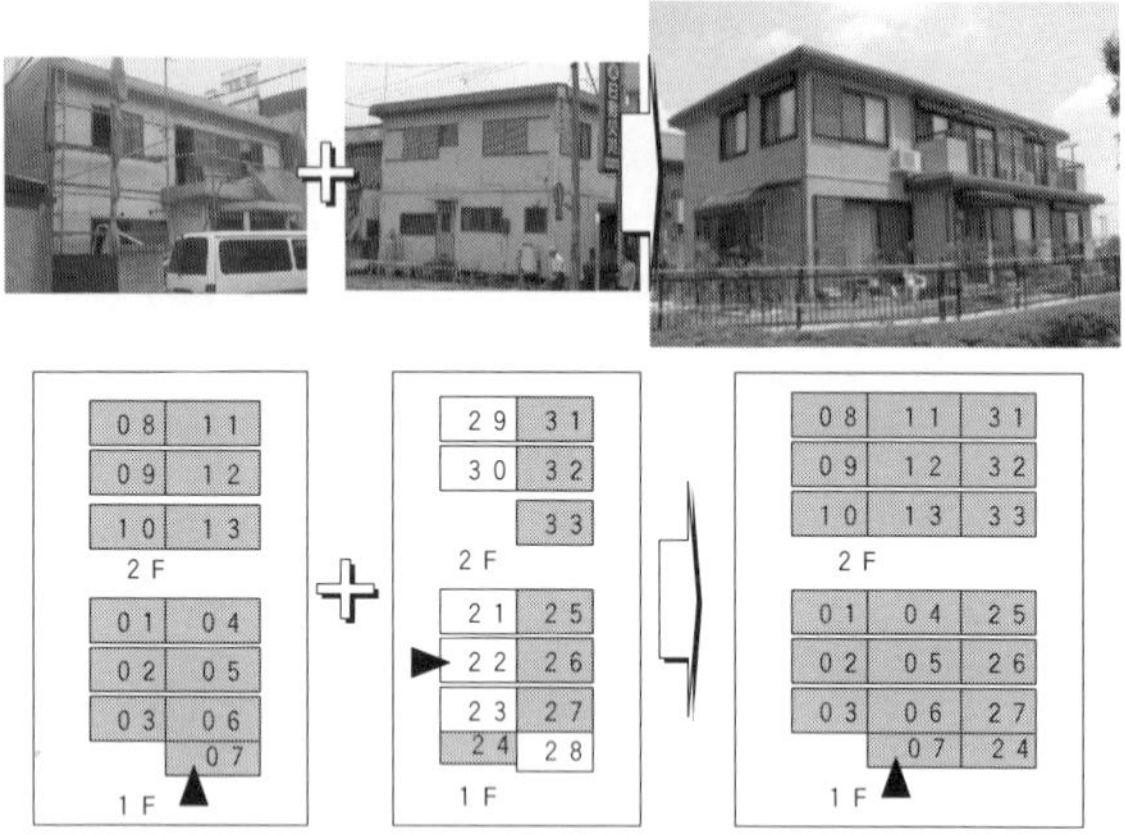

2棟を組み合わせて1棟に再築した事例

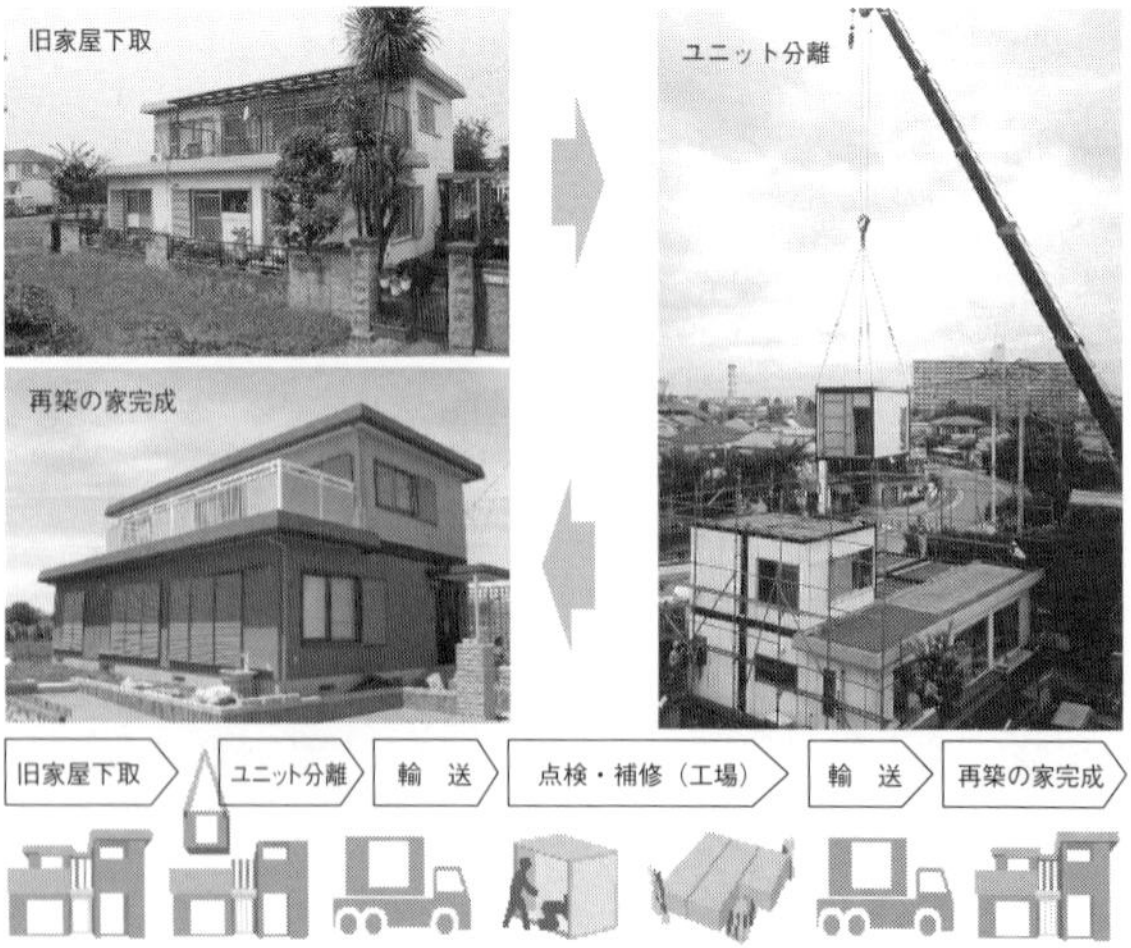

「再築システムの家」の流れと実例写真

ト工法（柱・梁の立方体の構造体を上下・左右に並べてボルト接合していく工法）で作られた古い住宅を買い取って、生産工場に戻し、点検・補修を行って再販売されます。ユニット工法の場合は、各立方体同士を数百個のボルトで接合して組上げていますので、解体する場合も、このボルトを外せば、トラックで運べる十数個のユニットに分かれます。短期間に、そんなに費用もかけずにユニット生産工場に運ぶことができます。工場では構造躯体を点検・補修して耐久性能を確保します。キッチンやお風呂などの設備や建具類・内装仕上げ材は新しいものに交換しています。点検・補修や交換のための取り外し作業で新築よりも工事費はかかりますが、重量比で八割以上の建材（約二十トン）を再使用しているので材料費は大幅に安くなります。その結果として、同じユニット工法による新築住宅の七割程度の価格で販売されています。

「スクラップ&ビルド」からリユースによる資源循環型の社会に変えていくためには、これから建てる建築物を、解体時も容易にできるように考えていくことが重要です。ユニット工法の建物だけではなく、パネル工法や軸組工法の建物も容易に解体ができるようになってくれれば、間取り対応の自由性が増して、解体される建物をリユースすることが当然のことのようになるでしょう。

岩原卓己・積水化学工業

18 高気密・高断熱

Q 高気密・高断熱住宅のメリットとデメリットは何ですか？

A 暖かい家に帰って来ると身も心もほっとします。寒さを防ぐためには暖房が必要となります。その暖房を効率よくするのが高気密・高断熱です。きちんと断熱・気密化しないとただ寒いだけではなく、活動が鈍ることで怪我をしやすくなったり、トイレが寒いことで脳卒中の原因にもなったりします。しかし、換気を忘れると、シックハウスなどの問題をおこすことになってしまいます。

日本に暖房はなかった？

日本には「暖房」という概念がありませんでした。冬の住宅空間は寒いものだったのです。寒いなか、自分の体だけ暖めるのを「採暖」と呼びます。囲炉裏の火にあたるとか炬燵に入るなどです。「房（室内）」が寒いから暖を採るわけで、「暖房」つまり「房」を暖めるという概念はありませんでした。「房」を暖めるとトイレに行くのも寒くないのですが、昔の住まいだとトイレは外につくっていましたから、それは寒かったのです。寒暖の差が身体に与える影響は大きく、お風呂で一年間に一万人くらいの方が亡くなっています。これは交通事故死よりも多い数です。暖かな部屋にいた人が寒い脱衣室で服を脱ぐ、それで熱い湯に入る。血圧や脈拍数が大きく上下して健康上大きな問題があります。

こうしたヒートショックを防ぐには、家のなかをむらなく暖めることが大切です。そして「房」を暖めておくためには家の断熱性能が重要になります。瓶のなかのお湯をどうやって冷まさないようにするかと質問されれば、断熱材で覆うと答えるのは当然です。また、暖房を行って寒くない環境が得られたとしても、断熱性が悪いと、気流感（ドラフト）、上下温度分布、体の左右の温度差、高すぎたり低すぎたりする床温度による不快感が生じます。断熱性が悪いと強く暖房する必要がありますから、温風が体に直接当たって不快な思いをすることはよくあることです。その暖房を効率的に行い、さらに上下温度分布や冷たい床温度を生じさせないようにするのが住宅の断熱なのです。断熱をしなければいくら高価な暖房装置を設置して

兼好法師は、「住は夏を旨とすべし」としているが、現代の住まいでは高気密・高断熱でなければやはり冬は寒い。ただし、空気は勝手に入れ替わってくれないため、シックハウスを防ぐためにも適切な換気が必要である。

も全くの無駄となります。住宅の性能と暖房装置が揃って良くなってはじめて快適性が得られます。

暖房はヘアドライヤー三台で十分？

アメリカやヨーロッパでは常識だったセントラルヒーティングが三十年くらい前、日本でも注目されました。当時は床暖房やパネルヒーターなどの暖房設備しか導入されなかったのです。しかし、暖房というのは「房」の性能とともにあるわけで、「房」の性能が悪ければ機器は本来の性能を発揮できません。断熱性の低かった当時の日本の住宅では、それほど暖かくない、コストばかりかかると散々な評価がなされました。現在の住宅は、断熱性は格段に良くなっています。次世代省エネルギー基準（＊）を守って建設された住宅は性能が非常に高いのです。たとえば、札幌に次世代省エネ基準の断熱性で百五十平方メートルくらいの戸建住宅を建てたとします。その家を暖房するのにどのくらいのエネルギーが必要かといえば、四千ワットのヒーターで十分に暖房できてしまう。四千ワットというとヘアドライヤー三台分ほどです。あるいは二千 ccくらいの車のヒーター程度です。車なんて一坪ないですよね。そのヒーターで北海道住宅が一軒まるごと暖房できてしまうのです。

高気密は諸刃の剣

断熱性とともに重要なのが気密性です。しかし、気をつけなければデメリットもあります。結露やシックハウス問題です。人間が一日に吸っている空気の総量は、およそ十五～二十立方メートルです。空気は実は重たくて一立方メートルの空気は質量で一・二キログラムにもなります。二十立方メートルなら二十五キログラム。それに対して我々が通常飲んでいる水の量は一日二キログラムとか三キログラム、食べ物も二～三キログラムです。その十倍もの重さの空気を毎日毎日、体に入れているのです。室内で汚染物質を吸って、シックハウスになっては困ります。確かに、気密性を高めると部屋の空気は入れ替わりにくくなります。では、きれいな空気を取り入れるために昔ながらのスカスカの住宅を建設すれば良いのでしょうか。地球環境のことを考えると間違いであることがわかります。現代の住宅では、防犯上の問題とか音の問題もあって開け放し生活は難しくなっています。そのため、最低限の換気は必要になります。建築基準法が定めているのは一時間に〇・五回換気以上という、実にわずかなものです。昔のすきま風の寒さに戻らないためにも、やはり気密性は必要なのです。しかし、季節の良いときには積極的に窓を開けて自然換気を行うことが大切です。また、高気密・高断熱だけでは、夏季を快適に過ごすことはできません。日射を防ぐ庇や簾などの工夫を行うことも大切です。

田辺新一・早稲田大学

★…＊　次世代省エネルギー基準とは、一九九九年三月に改正された「住宅に係るエネルギーの使用の合理化に関する建築主の判断基準」及び「住宅に係るエネルギーの使用の合理化に関する建築主の設計及び施工の指針」の告示を示します。

いい家を造る

19 新しい防犯技術

Q 住宅の防犯技術は年々進歩しているようですが、最先端の防犯手法を教えてください。

A ここ数年で、合わせガラス・ディンプルキー・生体認証キーなどが一般化し、開口部や鍵の性能が格段に上がってきています。また、欧米より防犯環境設計（CPTED）という概念が取り入れられ、建物だけでなく敷地・街を含めた防犯を考えるようになってきました。

狙われないために

泥棒は必ず下見をしターゲットを絞り込むので、最初の段階で狙われないよう工夫を施すことが大切です。泥棒が犯行をあきらめる第一の理由は人に見つかることであるため、敷地全体で見通しや照度の確保を行うことがまず重要になってきます。具体的には、樹木の剪定や見通しの利く高さの塀、敷地の裏手に不審者がいることを周りに知らせるセンサーライトを設置すること等が挙げられます。また、侵入口の九割が一階ですが、二階の窓が狙われる場合もあるので、縦樋や塀、カーポートを伝って二階バルコニーへの侵入経路がないかどうかも確認します。

侵入させないために

　敷地内への侵入を完全に防ぐことは困難ですが、塀や生垣、門扉、カーゲート等で障害を設置すると同時に、私の領域を明示することも大切です。私の領域を明

木がうっそうとし見通しが悪い。
境界がはっきりせず敷地内に侵入しやすい。

見通しが良く、敷地の境界が明確である。

外構計画による防犯性の違い

示することで、ふらりと立ち入ることを禁止する意思が示せます。オープン外構の場合は、公私の境界が曖昧となるため、素材を変える、植栽で区切る、高低差をつけるなどして領域を明示しましょう。

建物内への侵入手口は窓のガラス割りが主で、手口も巧妙化しているので、サッシやガラスの強化が必要です。二階バルコニー面も対策の対象に入れるべきでしょう。既築の場合は補助錠や防犯フィルムで対応することも考えられますが、ガラスのみを単板ガラスから合わせガラスへ交換することも可能です。しかし、開け放しや錠の無締まりで被害にあう件数も依然として多いのが現状です。そのため、今後はヒューマンエラーをカバーする機能がサッシや錠に求められていくと考えています。

被害を小さくするために

万が一、侵入されてしまった場合に備えて、室内への侵入を検知し周囲へ報知することや警備員へ通報すること、貴重品を守る金庫の設置等、被害を抑える対策があります。ただし、ガラスが割られる・鍵が壊される・室内が荒らされるなど自宅が被害を受けることは、居住者に大きな精神的ショックを与えます。できる限り不審者を室内に侵入させる前に検知できるよう、ガラス破壊やサッシ・ドアの開閉に反応するセンサを選ぶと良いでしょう。

ハードとソフトの両面で考える

二〇〇六年（平成十八年）四月より、住宅性能表示に「防犯」の項目が追加されました。開口部を対象として、五分以内の攻撃等に耐えられることを条件としたＣＰ認定品（詳細はhttp://www.cp-bohan.jp/）の使用の有無によって判定されます。この制度によって開口部における防犯性能の公的な評価が可能となりました。しかし、防犯対策は開口部の強化だけでは不十分です。立地環境に合わせた外構計画や死角を作らない設備計画などの設計者の工夫に依る部分も大きいことを覚えておかねばなりません。また、これらの対策に併せて大切なのが、近隣のコミュニティです。警報が鳴っても近隣の人が誰も気付かなかったら効果が有りませんし、ガラス割りの音がしても誰も気にとめないようであれば、侵入を許してしまうでしょう。見通しの良い外構や防犯機器の多くは、近隣の人目があってこそ成り立つのです。地域の皆で見守り合う意識をもちながら暮らすことも大切な防犯対策の一つです。

澤木美穂・積水ハウス

★…警察庁「平成十七年の犯罪情勢」、（財）都市防犯研究センター「ＪＵＳＲＩリポート」

20 木造住宅の金物

最近の木造住宅には、柱や筋かいの接合部にいろいろな金物が使われています。これらの金物は、いつ頃から使われ始め、どんな役割があるのでしょうか？

写真は、一九九五年の阪神・淡路大震災で被害を受けた木造住宅です。柱や筋かいの端部を適切な金物で補強していなかったために、壁全体が土台から抜け出してしまいました。このような「接合部の緊結不良」は、地震による木造住宅の被害を甚大にする原因の一つです。

地震力を建物全体で受け止めさせる

地震力によって建物を倒壊させないためには、地震力を建物全体に伝達させ、建物全体でしっかりと受け止められる構造としなければなりません。この構造を「耐震構造」といいます。木造住宅は、土台、柱、筋かいや梁などの部材で躯体を構成する木組みの構造です。地震力は、基礎から床組、軸組、小屋組へと伝達しますので、床組や軸組などの部材どうしの接合部が外れてしまうと、地震力を建物全体で受け止めることができません。木造住宅の金物は、地震力を建物全体にスムースに伝達させ、建物全体の耐震性能を有効に働かせる重要な役割があります。

阪神・淡路大震災以降、金物の重要性が見直され、「耐震性能＝金物」の図式が木造住宅の施工現場に一気に浸透してゆきましたが、一九八〇年頃には現在使用されている金物の供給体制は整っていました。

性能の規格化

一九六五年、日本工業規格（ＪＩＳ　Ａ　５５３１）として「木構造金物」が制定されています。この金物は、当時の学校や役場などの大型木造建築物が使用の対象であったため、個人住宅には普及しま

耐力壁が取り付く柱の接合不良

せんでした。個人住宅向けの金物は、町場の鉄工屋さんが独自に製造していました。

鉄工屋さんの金物の中には、材料、加工精度、表面処理など、品質が粗悪な製品も含まれていたことから、一九七八年、木造住宅用金物のスタンダード版として、(財)日本住宅・木材技術センターが承認するZマーク表示金物が規格化されました。また、一九八二年には、Zマーク表示金物と同等の位置付けの金物メーカーオリジナル金物(同等認定金物)の認定制度が開始されました。これらの金物は、住宅金融公庫の仕様書に掲載されたため、公庫融資住宅には普及しましたが、それ以外の住宅にはなかなか使ってもらえませんでした。二〇〇〇年、建築基準法の大改訂が行われました。木造住宅の接合部に関する「平成十二年建設省告示第一四六〇号」は、筋かい端部や、軸組(耐力壁)が取り付く柱端部の接合方法をこと細かく規定し、木造住宅に金物を使うことが必須条件となりました。この告示には、ただし書きがあり、想定される接合耐力を満たせば、条文どおりの接合方法としなくともよいため、二〇〇一年頃から、接合耐力が示されているオリジナル金物(性能認定金物)が出回り始めました。

金物の品質

建築物の基礎や主要構造部などに使用する木材、鋼材などの品質は、「平成十二年建設省告示一四四六号」により国土交通大臣が指定しています。しかし、この告示には木造住宅用金物は指定されていません。かといってどんな原材料を使ってもよいという訳にはいきません。金物の寸法・形状が同じであっても原材料が異なれば接合耐力に影響します。

Zマーク表示金物の規格では、プレートタイプの金物は、JIS G 3302（溶融亜鉛めっき鋼板及び鋼帯）、JIS G 3131（熱間熱延軟鋼材及び鋼帯）、JIS G 3141（冷間圧延軟鋼材及び鋼帯）、ボルトやナットは、JIS G 3101（一般構造用圧延鋼材）、釘やかすがいはJIS G 3532（鉄線）、JIS G 3505（軟鋼線材）など、JISに適合するものを金物の原材料として定めています。

同等認定金物や性能認定金物では、これらの鋼材の他に、JIS G 4305（冷間圧延ステンレス鋼板及び鋼帯）、JIS G 4313（ばね用ステンレス鋼帯）などの材料が使われています。

また、金物や釘が錆びてボロボロになってしまうと接合耐力が低下します。そこで、溶融亜鉛めっき鋼板やステンレス鋼以外の金物で、羽子板ボルト、六角ボルトやアンカーボルトなどはJIS H 8610（電気亜鉛めっき）、釘はJIS H 8641（溶融亜鉛めっき）を施して防錆を確保しています。

原材料の品質は、鉄鋼メーカーが発行する品質証明書（ミルシート）で確認することができます。ミルシートは、鋼材の組織成分の分析結果を示したもので、JIS規格に適合した鋼材であるということの証明書です。ミルシートは、金物メーカーが品質管理上必ず保管している重要書類です。

小野　泰・ものつくり大学

地球にやさしい

21 太陽光発電システム

太陽光発電システムの利用により、どれくらい省エネになりますか？

最近、街のあちこちで太陽光発電システムが搭載された住宅を見かけるようになりました。大物女優を起用したＴＶコマーシャルなども放映されるようになり、「太陽光発電システム」という言葉も世の中に浸透しつつあります。

日本は世界一の太陽光発電国

太陽光発電システム（Photovoltaic Power Generation System、ＰＶシステムともいう）は、太陽の光から直接電気を得る発電技術です。シリコンなどの材料を用いて製造される太陽電池が、太陽などの光を受けて直流の電気を発生し、それをインバータによって交流の電気に変換して利用します。

二〇〇三年には、わが国にはすでに十六万件以上の住宅に太陽光発電システムが導入されており、その総発電容量は中規模の火力発電所一基分に相当するまでになっています。

ちなみに、国際エネルギー機関（IEA）の調査によれば、世界全体の太陽光発電システムのおよそ半分が日本に導入されており、また、毎年世界で生産される太陽電池のおよそ半分が日本製です。いわば、わが国は生産、導入とも世界ナンバーワンの太陽光発電システム先進国です。

普及が進む太陽光発電システム
（恥ずかしながら拙宅の４kW住宅用システム）

省エネはまだまだ高い？

しかし、これだけ急速に普及している太陽光発電システムですが、決してまだ安価なものではありません。一九九〇年代前半に比べておよそ十分の一になってきてはいるものの、住宅用で典型的な三キロワットシステムの最近の平均価格は約二百万円で、稼動年数を二十年とした場合の発電コストは、1キロワットの電気を1時間使用するのに四十五円程度と、一般住宅の電気に比べて二倍近く高い電気となります。

そんな高価な太陽光発電システムの電気ですが、電気そのものは電力会社から購入しているそれと何が違うわけでもありません（いい香りがするわけでもなく、おいしいわけでもない）。それにもかかわらず、毎年多くの人々が太陽光発電システムを積極的に導入しています。人によって動機はさまざまでしょうが、その一つに「省エネ効果」と「環境貢献」があるのだろうと思います。

地球に優しい太陽光発電

わが国での太陽光発電システムの発電量は、地域による日射条件の違いや毎年の天候の変動のため一概にはいえませんが、平均的には太陽光発電システムの容量一キロワットが一年間に生み出す発電量は千時間分の千キロワット時程度です。ですから、三キロワットシステムの場合には、一年間でおよそ三千キロワット時の電気を太陽のエネルギーで賄うことができ、その分だけ家庭で使用されるエネルギーを節約することが可能です。これは平均的にいって、家庭で一年間に使用される電気の約半分に相当するエネルギー量になります。

以上が、住宅用太陽光発電システム（三キロワット）の家庭における省エネルギー効果ですが、次に、電気事業における発電用燃料の節約という視点からみてみましょう。電気事業用電力の発電効率（送電損失を含む）はおよそ三十五パーセントですので、三千キロワット時＝二千五百八十メガカロリーの電力を得るためには七千四百メガカロリーの発電用燃料が電気事業で消費されていることになります。これは原油のもつ熱量に換算すると約八百十リットルに相当します。

つまり、三キロワットの住宅用太陽光発電システムによって、一年間にポリタンク（十八リットル）四十五個分の原油に相当するエネルギーが節約されることになるわけで、二十年の合計ではポリタンク九百個分もの省エネになります。ちなみに、地球温暖化問題の主因である二酸化炭素の排出については、一年間で約一トンの削減効果があります。

加藤和彦・産業技術総合研究所

22 屋上緑化とヒートアイランド

Q 建物の屋上緑化は
ヒートアイランド抑制にどのくらい効果がありますか？

A 二〇〇二年九月『屋上緑化には、都市の景観効果や住人の癒し効果、あるいは環境問題に対する啓蒙効果はあるとしても、喧伝されていたような蒸散による都市大気の冷却効果や冷房負荷軽減効果はなく、これらに必要な資材、水、エネルギー、維持管理などの間接効果を考慮すれば、その安易な導入は、かえって都市環境や地球環境にマイナスである』とある新聞に書いて、業界関係者だけではなく環境工学を専門とする研究者の一部からも批判されたのは意外でした。あれから五年、一部に法的義務付けまでに進んだビルの屋上緑化が、今ではヒートアイランド化の軽減や冷房負荷の実質的な低減効果のないことは、研究者の間では常識となっています。

都市の高温化現象のメカニズム

東京を中心とする都市の高温化現象は、太平洋からの海風と、三千平方キロに及ぶ東京、神奈川、千葉、埼玉などの関東圏に入射する膨大な太陽エネルギー、人工流入熱の相互作用による〝ヒートアイランド現象〟と〝地球温暖化現象〟の複合現象であり、二〇〇四年度(平成十六年度)までで、東京都の指導実績でわずか〇・六四平方キロメートルの屋上緑化や打ち水などの蒸散作用が都市大気の目に見えた冷却効果を発揮するようなオーダーにないのは明らかです。

さて、図に示すように、現在の都市の高温化現象は、ヒートアイランド現象に地球温暖化の影響が加算されたものですが、この〝都市〟は一種の生命体で、外部から太陽エネルギー、人工エネルギー、物資を取り入れて新陳代謝(メタボリズム)を行っており、その廃棄物で大気が周辺よりある程度高温となるのは、むしろ当然です。ただ、日本の大都市圏では宅地の拡大で

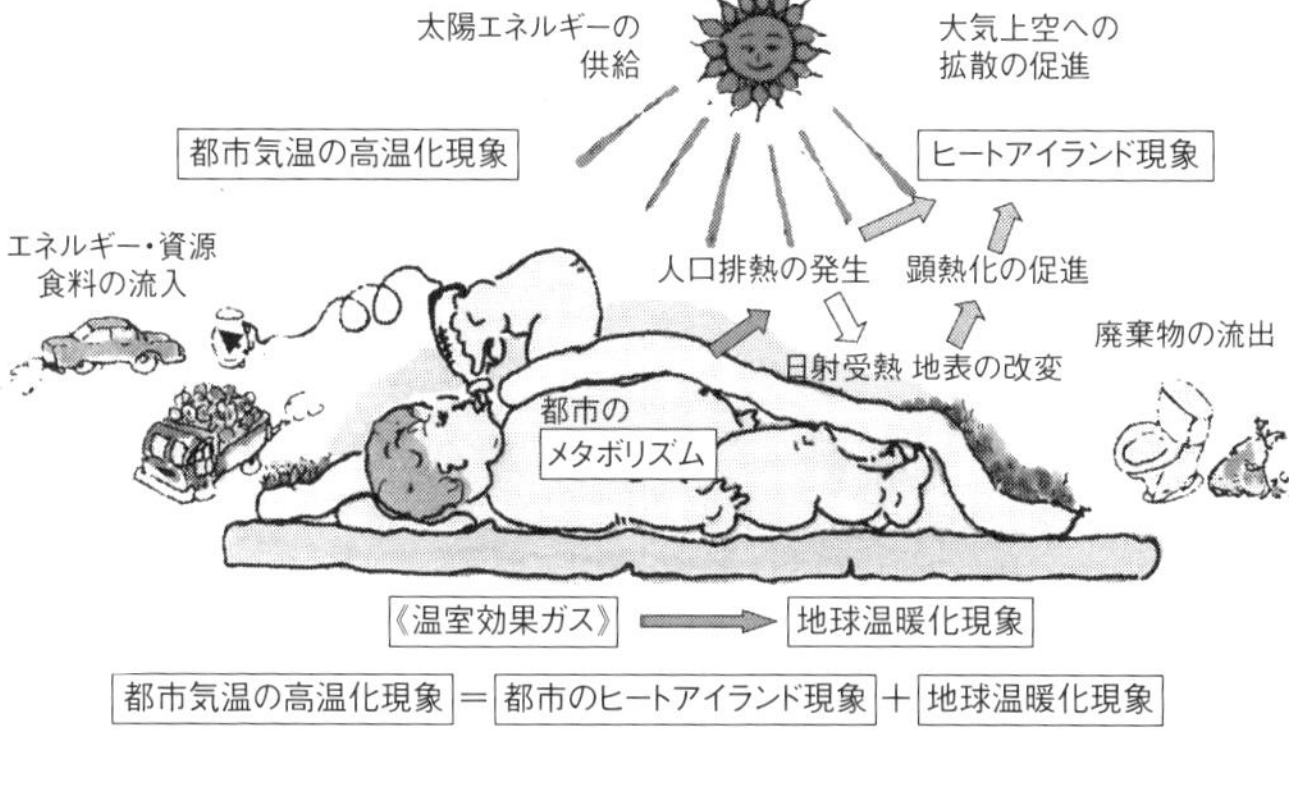

緑地、開水面が広範に減少し、入射日射が昔より多く顕熱のまま大気に放散され、増大する人工流入熱と合わせて都市大気の高温化が進んでいますが、幸い、都市という生命体は呼吸を荒くして、顕熱を効率良く大気上層に拡散していて地上気温の過度の上昇を防止してきました。

屋上緑化の効果予測

気象学者ミラップは一九六九年に熱力学的に初めて都市気温の解析を行い、都市の蒸散面積比が〇パーセントから五〇パーセントに増加すると、最高気温が三四・六℃から二六・二℃と八・四K低下するなどと報告していますが、最近の東京大学生産技術研究所の大岡らの精緻なシミュレーションでは、東京区部の宅地を、地上、屋上とも、実際にありえない一〇〇%緑化しても〇・六Kしか低下しないという結果を得ています。これは緑化により顕熱が大量に潜熱に転換されたとしても、同時に上昇気流が減退するため、期待するほど気温が低下しないことを示しています。

また、日本建築学会の地球環境委員会の都市気候対策小委員会の報告では、屋上を全面緑化した低層ビルの地上では、特定の条件化では体感温度のわずかな低下は認められ、建築物総合環境性能評価システム(CASBEE―HI)にも取り入れられていますが、これらの成果に基づきまとめられた二〇〇五年七月の「都市のヒートアイランド対策に関する提言」においては〝都市緑化〟という言葉はあっても

〝屋上緑化〟という言葉はでてきません。

このようなこともあってか、最近では管理の容易な地上に樹木を配置し、その日陰効果で体感温度を下げる地上緑化が最も合理的かつ効果的であるというごく当たり前の話になっています。CASBEE—HIでは建築外部空間の平均的な体感温度を評価していますが、都心部では夏に外で活動することはほとんどなく、人はもともとビルの日陰や冷房のある地下道を選んで歩いていて実態に合っているとはいえません。

要するに、屋上緑化は都市のヒートアイランド現象を軽減する効果はなく、美観効果心理効果を期待して私的に整備すればよいもので、本来公的に助成したり、法的に強制するものではありません。

さらにいえば、都市の高温化現象は住宅にとっては夏期の冷房費用増大のデメリットより冬季の暖房費用の軽減のメリットのほうがはるかに大きくなります。

要するに、屋上緑化は都市のヒートアイランド現象を軽減する効果はなく、美観効果心理効果を期待して私的に整備すればよいもので、本来、公的に助成したり、法的に強制するものではありません。

すでに東京圏の緑被比率の低下はとまっており、気象変動に関する国際連合枠組条約国会議・京都議定書(COP3)によって実質的な省エネルギー化とCO_2排出抑制が進めば、これ以上、都市のヒートアイランド化が大きく進展する可能性は少ないでしょう。ここは拙速を避け、じっくりと都市計画スケールでの対策を考えるべきでしょう。

田中俊六・東海大学名誉教授

23 木材の利用と地球環境

Q 環境のために木材を使ったほうがよいとの意見がありますが、それはどうしてなのですか？

A

森林の炭素吸収機能と木材生産

樹木は成長する際に大気中の炭素を吸収し、体内にセルロース等の形で固定します。このことから、森林が地球温暖化の原因の一つである二酸化炭素の吸収源として大きな期待を寄せられています。京都議定書では、日本の温室効果ガスの削減目標は一九九〇年レベルの六パーセントとなっており、その三・九パーセントは森林等での吸収により達成する予定です。

図にあるように、若い森林では炭素吸収速度が大きく貯蔵量も増加しますが、そのまま放置されて老齢になった森林では成長量と枯死量がほぼ同じとなり、見かけ上の吸収量がゼロとなってしまいます。貴重な保存林などは別として、成熟・老齢段階にある樹木を適切に伐採して木材として利用し、伐った分はまた若い木を植えて旺盛な吸収を促すことが、森林の炭素吸収機能を最大限に発揮するために必要です。重要なのは伐採量が森林の成長量を上回らないこと、伐採分をまた植えること、つまり持続的な森林管理を行っていくことです。

木材利用による三つの温暖化防止効果

1．炭素貯蔵効果

木材を伐採して利用するということは、森林が吸収した炭素を社会に貯蔵することにほかなりません。耐久的利用により社会での木材ストック量が増加すれば、大気中の二酸化炭素を削減したことを意味します。わが国最大の木材ストック源はもちろん建築物で、年間約二百万炭素トン程度の吸収に貢献しているという試算結果も出ています。年間の全炭素排出量は約三億炭素トンですので、その影響の大きさがおわかりいただけると思います。京都議定書の第一約束期間においては、このような木材

手入れされた森林（撮影：山本清龍）

天然林の発達段階に応じた炭素固定速度と植物林の炭素貯留量のモデル

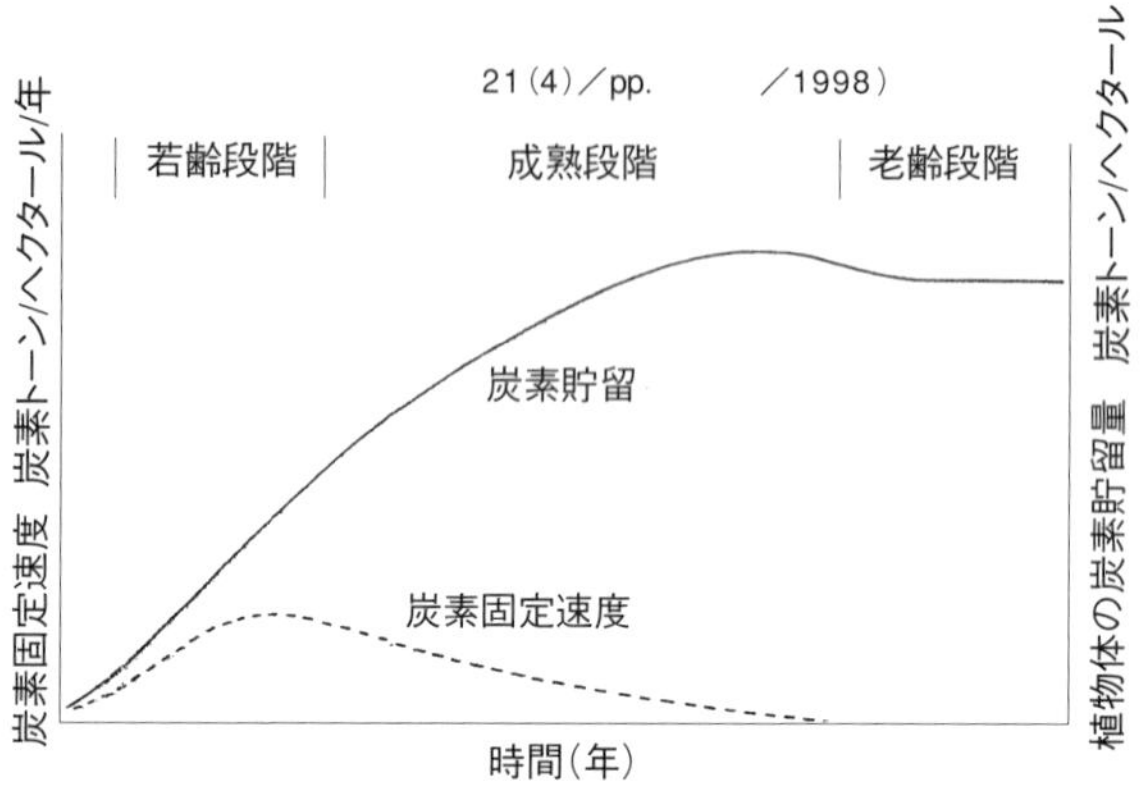

(出典：藤森隆郎／「地球温暖化における森林の役割」／『農林水産技術研究ジャーナル』／(社)農林水産技術情報協会／21(4)／pp.43-49／1998)

利用による吸収・排出はないものとして無視されていますが、今後評価対象となる可能性も出てきています。

2．省エネルギー効果

樹木が数メートルからときには数十メートルもの高さになってもたわまずに直立しているのは，それを支える幹，つまり木材が十分な強度を持つ自然材料であるからです。いわゆる「素材生産」の部分は、自然が太陽エネルギーを用いて担ってくれており、それを人間は、「伐る」という簡単な方法で運び出して利用していると考えることができます。軽量で軟らかく、かつ十分な強度をもった木材は、切る、貼る、乾かすといった加工で利用可能であり、材料製造エネルギーは他材料に比較して少なくなります。他材料を木材で代替することで、材料製造エネルギーの消費に伴う炭素排出が抑えられることになります。

3．化石燃料代替効果

木材の燃焼により放出される炭素は、もともと樹木が吸収したものであり、大気中の二酸化炭素濃度の上昇につながりません。燃焼時に熱エネルギーを回収・利用することにより、化石燃料の消費量を削減し、炭素排出を抑制することになります。木材を含むバイオマス燃料には現在大きな注目が集まっており、木質系の廃材を利用した発電プラントなども次々に稼動しているところです。

木材利用は森林破壊につながり、環境に悪いという誤解はまだ根強いようです。しかし、木材は再生可能な自然材料であり、その利用は森林を活性化させて二酸化炭素吸収を促し、さらに吸収した炭素を放出せずに貯蔵し、化石燃料使用の削減にも貢献し得るものなのです。

より詳しい資料としては、参考文献をご参照ください。

恒次祐子・森林総合研究所

★…大熊幹章／『地球環境保全と木材利用』／全国林業改良普及協会
★…有馬孝禮／『木材の住科学　木造建築を考える』／東京大学出版会
★…林知行／『ここまで変わった木材　木造建築』／丸善ライブラリー

地球にやさしい

24 廃材のリサイクル

建築の解体工事から出る廃材はどのように処理されていますか?
リサイクルも進んでいると聞きますがどのようなことが問題になっていますか?

建築解体廃棄物の大半はリサイクル

建築の解体工事といっても、木造戸建住宅と非木造建築物とではその様相は大きく異なります。ここでは、非木造建築物を取り上げて説明します。

鉄筋コンクリート造建築物を解体したときの発生材の内訳は、重量比でみると、おおよそコンクリートガラが九十パーセント、鉄筋等スクラップ類が七パーセント、混合廃棄物二パーセント、木くず一パーセントとなります(〔社〕建築業協会 平成十六年三月調査報告書)。コンクリートガラは、ほとんどが再資源化施設(中間処理施設)で破砕され、再生砕石として道路の路盤材等に再利用されています。スクラップ類は、通常、売却され電炉メーカーにおいて再生鋼として鉄筋等になっています。問題は残りの三パーセント程度のものにあります。これまでは多くが混合廃棄物として排出されていました。

建設リサイクル法と分別解体

建設リサイクル法が二〇〇二年から施行され、建設工事におけるリサイクルを促進させるために、特定建設資材廃棄物（コンクリート、アスファルト・コンクリート、木くずと鉄からなる資材）の分別解体やその廃棄物のリサイクル等が義務付けられました。また、分別解体等の施工基準が定められています。そのため、解体工事は次の手順で行うこととなります。

○解体工事におけるフロー

① 事前調査の実施（残存物の有無、付着物の有無等の確認）

② 分別解体計画の作成・発注者への説明

有害物質等	該当製品等	
吹付け石綿等	吹付け石綿、石綿保温材、石綿含有煙突断熱材等	石綿粉じんが肺がん等の原因物質／大気汚染防止法・労働安全衛生法で粉じん飛散防止措置／廃棄物処理法で特別管理産業廃棄物
石綿成形板等	スレート、Pタイル、ケイカル板等	破砕せず、粉じん飛散させない／安衛法で湿潤化等の措置、廃掃法では産業廃棄物
PCB廃棄物	トランス・コンデンサ等・蛍光灯安定器	発注者に引渡し、保管してもらう／PCB廃棄物特別措置法、廃棄物処理法
フロン・ハロン	空調機冷媒・消火設備	オゾン層破壊物質、温暖化物質／フロンはフロン回収破壊法で回収・無害化の義務付け
ダイオキシン	廃棄物焼却炉	安衛法で調査、隔離等の措置／ダイオキシン類特別措置法、廃棄物処理法で高含有物は特管産廃
蛍光管	封入されている水銀を流出させないよう割らずにリサイクル施設に	

代表的な有害物質の例

③ 発注者による工事届出
④ 事前措置（残存物撤去の確認、付着物、有害物等の除去）
⑤ 分別解体
ア．建築設備、内装材等の撤去
イ．屋根葺き材の取り外し
ウ．外装材、上部構造の解体（躯体解体）
エ．基礎解体

このうち、③を除いてはすべて元請業者に義務付けられています。事前調査では、解体対象物や周辺の状況等の確認と合わせて、残存物の有無、吹付け石綿等の付着物の有無その他を確認します。このとき、有害物質を確認しておくことも重要です。

この調査結果に基づいて解体計画を作成し、その計画に従い、事前措置として吹付け石綿その他の有害物質を事前撤去します。

その後、分別解体することになります。建築設備や内装材の撤去の際、「木くず」は特定建設資材廃棄物として分別・リサイクルが義務付けられています。チップ化して燃料にするほか、パーティクルボードなどとして再利用されていますが、チップ化しても活用されないケースもあるので、さらに需要拡大を図ることが課題です。「木くず」以外のものは発生量や受入施設等を総合的に判断し、リサイクル促進、適正処理の確保の観点から解体分別方法を決定することになります。たとえば、集合住宅やホテルからまとめて排出されるＦＲＰ製の浴槽が排出される場合には、破砕してセメントの原燃料としてリサイクルすることも可能です。

最後に、躯体解体・基礎解体となります。この段階ではコンクリートと鉄筋等のみとなり、機械解体しながらコンクリートガラとスクラップを分別することになります。

解体工事における有害物質等

建築物には、相対的に量は少ないものの、多様な有害物質等が使用されています。これらの有害物質は、さまざまな法律の規制を受けており、前述したように、事前調査の段階で確実に把握し、分別解体に先立ち、適切に回収・撤去することが必要です。二〇〇四年五月に「建築物の解体等に伴う有害物質等の適切な取扱い」というパンフレットが、建設副産物リサイクル広報推進会議から発行されていますので、参考にしてください。

島田啓三・鹿島建設

25 アスベスト

Q アスベストとはなんですか？
建物にアスベストが使われていたときの対応は？

A

アスベストとは

アスベストは、石綿（いしわた、せきめん）ともいい、繊維状の天然鉱物六種類の総称です。そのうちクリソタイル（白石綿）、アモサイト（茶石綿）、クロシドライト（青石綿）が、耐火、耐熱、高強度、安価等の優れた性質をもつことから多くの工業製品、建材等の原料として利用されてきました。これらの使用量の九割が建材に使用されているといわれています。

クリソタイルの単繊維の太さは〇・一マイクロメートルといわれるように、アスベストはきわめて細い繊維状で、これらの粉じんが空気中に飛散すると人間の肺胞まで到達し、中皮種、肺がん、石綿肺といった疾病の原因となります。石綿製品製造工場の従業員や隣接住民のアスベストに起因する死亡者も多数報道され、社会問題となりました。

これまでも労働安全衛生法、大気汚染防止法、廃棄物処理法により規制されてきましたが、二〇〇四年十月からは労働安全衛生法により、原則としてアスベストの輸入、製造、使用等が禁止となりました。大量にストックされている建物の解体・改修に伴うアスベスト対策が大きな課題として残り、新たに労働安全衛生法の下に「石綿障害予防規則（石綿則）」が制定され、二〇〇五年七月から施行されています。

アスベストの使用箇所

アスベストは建物のいたるところに使用されています

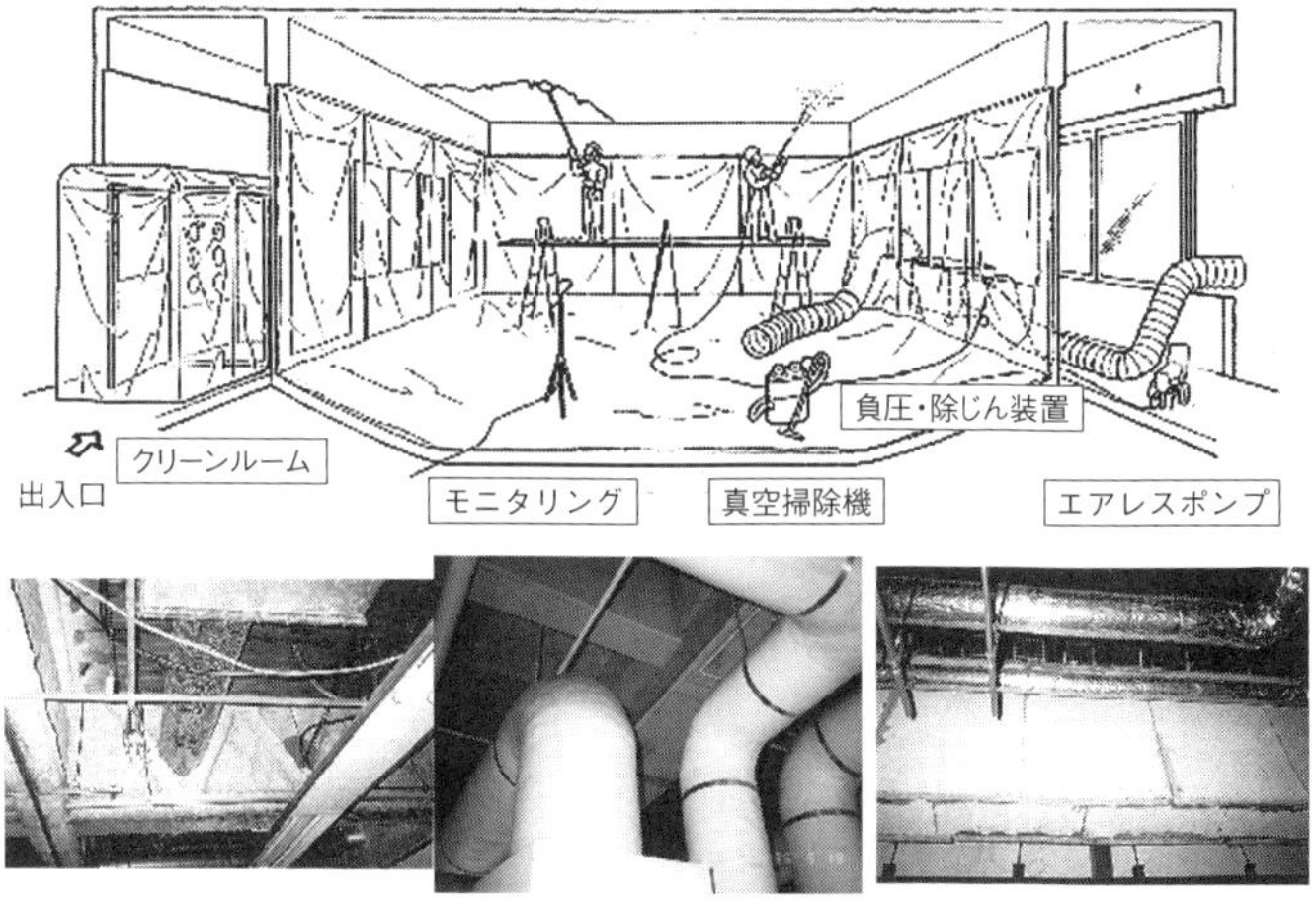

アスベスト除去工事のイメージ（上）と吹付け個所（下）

が、アスベスト粉じんが飛散しやすい「飛散性アスベスト」とそれ以外の「非飛散性アスベスト」に大別されます。

飛散性アスベストには、吹付け材（石綿則では最も飛散しやすい「レベル1」とされています）と石綿含有の、保温材・断熱材・耐火被覆材（以上「保温材等」、同「レベル2」）があります。吹付け材は、鉄骨の耐火被覆や断熱・吸音目的で機械室等の壁・天井等に使用されています。吹付け材のうち、ひる石吹付けやパーライト吹付けは結露防止や吸音効果をもった仕上げ材として居室等にも使用されています。また、保温材等は、配管保温材、煙突の断熱材、金属製折版裏張断熱材、鉄骨耐火被覆等に使用されています。

非飛散性アスベスト（同「レベル3」）は、スレート（石綿セメント板）、ビニル床タイル、岩綿吸音版、押出成形セメント板等、多くの建材として利用されています。その使用箇所は、戸建て住宅の屋根、外壁のほか、工場、事務所等ほとんどすべての建物で、屋根、外壁、天井、壁、床等に広く使用されています。

アスベストによる健康影響と対応

アスベストの有害性は、前述のように粉じんとして空中に飛散することにあります。そのため、健康影響としては次の二つのケースが考えられます。

① 建物使用中に粉じんが飛散し、人が吸引する場合

② 建物の解体・改修工事やその廃棄物の処理の際に粉じんが飛散し、周辺に拡散する場合

①は、飛散性アスベストのうち主に劣化した吹付け材（レベル1）の粉じん飛散による影響が懸念されています。目視で、吹付け材の浮き、ダレ、剥離等を確認することが必要です。一方、非飛散性アスベスト（レベル3）は普通では粉じん飛散が生じないと考えられます。これに関しては、これまで法的規制はありませんでしたが、石綿則により吹付け材（レベル1）について飛散のおそれがある場合に粉じん飛散防止の措置義務が課せられたほか、二〇〇六年二月に建築基準法が改正され、吹付け材のうち吹付けアスベスト及びアスベスト含有吹付けロックウールの使用を禁止し、建物改修時に除去等の措置を講じることが義務付けられました。

②については、前述のように石綿障害予防規則が施行され、また、二〇〇六年三月から改正大気汚染防止法施行令・規則が施行されて、より強化されました。

これらの法律で、解体・改修に当たり事前調査の実施が義務付けられたほか、届出、隔離・湿潤化等による粉じん飛散防止、マスクの使用等、ばくろ防止措置などが粉じん飛散の程度に応じて定められています。

また、廃棄物処理法により、前述のレベル1、2のものは特別管理産業廃棄物「廃石綿等」として、レベル3は、普通産廃「石綿含有産業廃棄物」として処理基準が定められています。

島田啓三・鹿島建設

快適な空間

26 ビルの空調と加湿

Q ビルの空調では加湿が難しいと聞きますが、どうしてですか？

A 冬は空気が乾燥しやすく、空気の乾燥はさまざまな障害を引き起します。たとえば、湿度が低すぎると、ヒトの呼吸系器官が過度に乾燥し、インフルエンザウィルスの活性化を高めます。また、空気が乾燥していると、静電気を帯びやすくなり、放電時に不快な電気的ショックを受けることが多くなります。このような障害をなくすために、空気を乾燥な状態から湿潤な状態にする、すなわち加湿が行われます。

計算どおりに行かない加湿

必要な加湿量を計算して加湿器を選定することは難しくありませんが、暖房時の室内湿度がなかなか設計どおりにいかないことが多くあります。「建築物における衛生的環境の確保に関する法律（一九七〇年制定）」の対象となる特定建築物に対しては、浮遊粉塵（一立方メートル当たり〇・一五ミリグラム）、相対湿度（四十～七十パーセント）などの室内環境管理基準値が定められています。立ち入り検査の結果、法律が施行された当時、基準値を満足していない建築物数の割合は、浮遊粉じん濃度が五十パーセント強と最も高く、次いで相対湿度が四十パーセント弱でした。

浮遊粉じんに関してはその後徐々に改善され、現在は数パーセントとなりましたが、一方、相対湿度は、制定からの三十数年間、常に二十～四十パーセントの範囲内にあり、加湿の難しさが伺えます。

どうして加湿がうまくいかないのか

加湿方式は、①蒸気加湿（蒸気を吹出し、空気と混合させる方式）、②水加湿（霧状の水を吹出し、空気と混合させる方式）、③通風気化式加湿（吸水材などにより、空気との接触面で水を気化させる方式）の三種類に分類されます。加湿器に供給される水量または蒸気量に対する空気湿度の上昇に寄与した水量または蒸気量の割合、すなわち加湿効率からみれば、蒸気加湿が最も有効です。たとえば、主空調機の加湿に水を用いれば約五十パーセントの加湿効率が期待できますが、蒸気を用いるとほぼ百パーセントの加湿効率が得られます。

しかし、加湿の性能にはもう一つ重要な要素があります。それは、加湿される空気の温湿度です。ビルの空調で加湿が難しいケースを、以下に示します。

① 加湿対象の空気温度が低すぎる場合

これはとくに外調機での加湿の場合よくあります。図1の①と②に示しているように、外気温度が低いとき、空気がすぐ飽和点に達してしまい、ほとんど加湿できません。この問題を解決するには、低い温度の空気を温水コイル等で加熱し、空気温度をある程度上昇した後に加湿する必要があります(図1の③と④)。

② 室内空気温度が設計温度より高く設定される場合

たとえば、暖房期の室内温湿度を二十二℃、四十五パーセントとの条件(図1の⑤)で加湿設計が行われても、実際に室内温度が二十五℃に

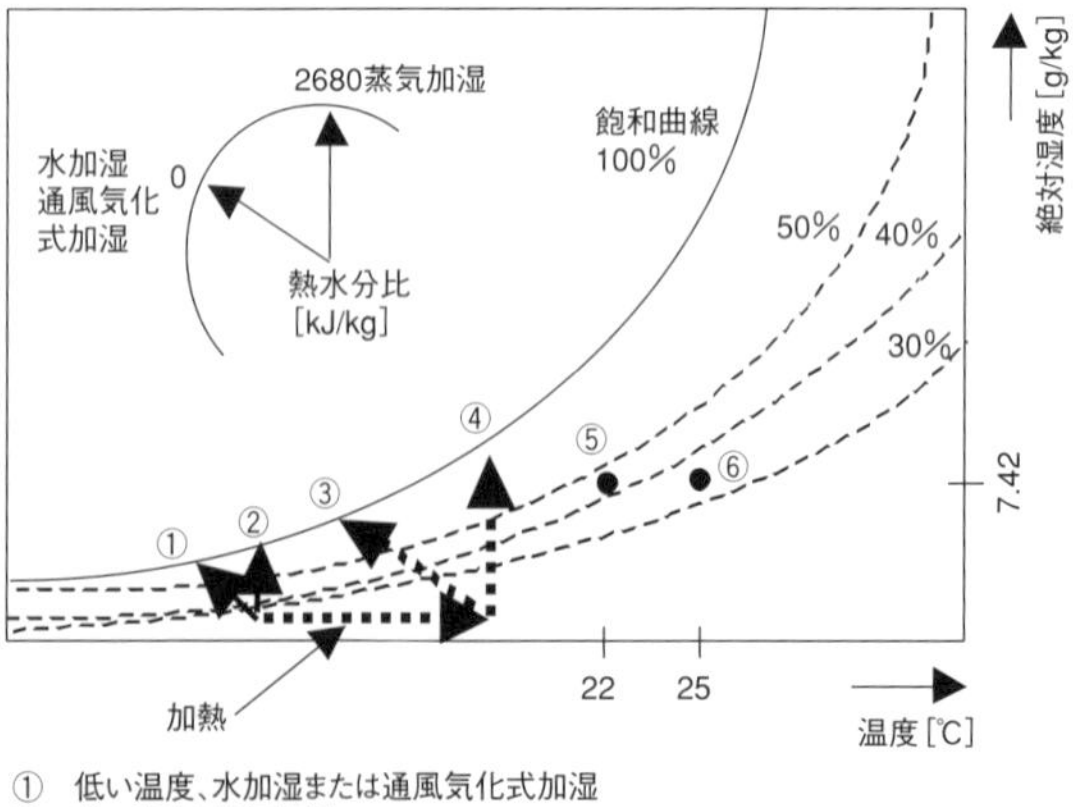

① 低い温度、水加湿または通風気化式加湿
② 低い温度、蒸気加湿
③ 加熱してから、水加湿または通風気化式加湿
④ 加熱してから、蒸気加湿
⑤ 22℃,45%、7.42[g/kg]
⑥ 25℃,37.5%、7.42[g/kg]

制御されて運転されれば、相対湿度が三十七・五パーセントになってしまいます(図1の⑥)。この問題の解決には、室内温度を高く設定しないこと(ウォームビズの励行)や、設計の段階で加湿器の容量をある程度多く見積もる必要があります。

③ 人為的に加湿量を減らす場合

『加湿すると、においによる苦情が出たため、加湿を止めました』という話をよく耳にします。ボイラーからの蒸気で直接加湿をしている場合には、防食などの薬剤が使用されることがあるため、その〝におい〟が苦情の原因になりえます。解決策として、ボイラーからの蒸気と熱交換器で熱交換した二次蒸気を加湿に使用することが有効です。

また、保守点検などの日常の管理を怠り、加湿器の性能を十分に発揮できないケースもあります。たとえば、通風気化式の吸水材は使用時間が多くなればスケール成分が溜まり、吸水材の目詰りに伴う加湿面積の減少などに起因する加湿効率の低下があります。通風気化式のみならず、日常の維持管理が重要です。なお、加湿器が衛生的な状態に保たれないと、加湿器病といった微生物に起因する健康障害を引き起こすことがあります。

柳　宇・国立保健医療科学院

27 バリアフリーとユニバーサルデザイン

Q バリアフリーとユニバーサルデザインの違いを教えてください。

A

ノーマライゼーションから

福祉分野の重要な用語に、ノーマライゼーションの考え方があります。年齢や性別、体の自由・不自由、知覚・行動能力などの違いに関係なく、すべての人が快適に暮らせるようにすることを意味する言葉です。バリアフリーデザインやユニバーサルデザインは、このノーマライゼーションを達成する手法の一つでもあります。初期の建築・道路・交通環境等は、高齢者や障害をもつ人が利用するにはあまりにも障害（バリア）が多すぎました。バリアフリーデザイン（障壁のない設計）とは、高齢者や障害をもつ人の社会参加を阻んでいる、物的、情報、制度、意識の四つの障壁を取り除く設計のことをいいます。これに対してユニバーサルデザインは、高齢者や障害を持つ人だけではなく、初めから誰にでも使いやすいデザインを目指すことを意味しています。

バリアフリーデザイン

バリアフリーデザインは、一九五〇年代後半に建築環境において身体障害者を阻むバリアを取り除く運動として始まったものです。当時は建築物が一般の健常者が利用できて、障害者が利用できないという環境にあり、いかに身体障害者が利用できるようにするか、ということが中心的課題でした。日本ではこの言葉を「福祉のまちづくり」といい、一九七四年に町田市から始まった福祉環境整備要綱、その他の自治体では広く「福祉のま

	原則	内容	事例
平等	①公平性	使う人によって不利にならないこと	自動ドア
使いやすさ	②自由度	フレキシビリティ(自由度)があること	左右どちらでも使えるハサミ、上下どちらも差し込めるキー
	③単純性	使い方が簡単ですぐ分かること	絵による説明、動く歩道
	④分かりやすさ	必要な情報がすぐに理解できること/不必要なものを省きシンプルで、直感で分かるデザインであること	駅や空港などのサインシステム、遠くから見える駅・バス停など
	⑤安全性	デザインが原因の事故をなくすこと/うっかりミスや危険につながらないデザインであること	誤りを簡単に直すことができるコンピュータソフト
	⑥省体力	無理な姿勢をとることなく、余計な力を使わずに少ない力でも楽に使用できること	さわるだけで点灯する照明器具
空間確保	⑦スペースの確保	アクセスしやすいスペースの広さと十分なサイズの大きさを確保すること	駅における幅広な改札口、ゆったりトイレ

ユニバーサルデザインの七つの原則

ちづくり」として定着してきました。一九九〇年頃はバリアフリーデザインの言葉は市民にはほとんど理解されていませんでしたが、二〇〇〇年以降には交通バリアフリー法なども含め、市民に広く普及してきました。

ユニバーサルデザイン

ユニバーサルデザインは、バリアフリーデザインから三十年程度あとに、アメリカのRon Mace（一九八五年）によってはじめて定義されて使われました。これ以前にもWelch（一九七七年）などもユニバーサルデザインについて言及してはいますが、日本の多くのユニバーサルデザインはRon Maceの考え方によっています。Ron Maceによれば、「ユニバーサルデザインは、製品や建築ができるだけすべての人に使えるようにデザインしようとするアプローチである」と考えられています。類似した言葉で、デザインにおける機会平等と社会的公正を意味するインクルーシブデザイン（デザインの包摂性）やデザイン・フォー・オール（すべての人のためのデザイン）があります。

ユニバーサルデザインの考え方には、表のように、① 公平性、② 自由度、③ 単純性、④ 分かりやすさ、⑤ 安全性、⑥ 省体力、⑦ スペース確保の七つの原則があります。その他、ユニバーサルデザインを進めるデザイン方法として、① 汎用性（ひとつをできるだけ多くの人が使えること）、② ベースとオプション（基本仕様を共通化し個人に合わせたオプションを加えること）、③代替手段（他の方法で代替すること）があります。

バリアフリーとユニバーサルデザインの言葉を分かりにくくしているのは、アメリカと日本のバリアフリーデザインの理解や受け止め方が異なるためです。最近のアメリカでは、「バリアフリーデザイン」という言葉は、障害者のみが使う仕様を意味するものとして否定的に捉えられていますが、日本では、バリアフリーはユニバーサルデザインを意味する用語として、より幅広く用いられています。この点から考えると、バリアフリーデザインが進化したものがユニバーサルデザインであると理解することが自然です。

秋山哲男・首都大学東京

★…Wolfgang F.E.Preiser, Editor in Chief（日本語版監修：梶本久夫）／『ユニバーサルデザイン ハンドブック』／丸善／二〇〇三年九月

①イレーン・オストロフ（Elaine Ostroff）、古瀬敏（訳）／一章「ユニバーサルデザイン：新しいパラダイム」／二～十一頁

②ジム・サンデュー（Jim S. Sandhu）／清水忠男（訳）／三章「ユニバーサルデザインへの総合的アプローチ：あらゆる年齢、文化、そして多様性の包括に向けて」／二十二～三十四頁

★…秋山哲男ほか／『都市交通のユニバーサルデザイン』／十一～三十頁／学芸出版社／二〇〇一

28 日本の照明文化

ヨーロッパの住宅に比べて日本の住宅の照明は明るいと思うのですが、どうしてなのでしょうか?

青い眼はまぶしさが目にしみる

最もよくいわれる理由は、日本人と欧米人の瞳の色の違いです。正確にいうと、虹彩(白目と瞳孔の間の部分)の色の違いです。日本人はたいがい茶色をしています。虹彩によって瞳孔の大きさが変わり、レンズに入る光の量が調整されます。虹彩には、不要な光をカットする役目があるわけです。

ところで光は黒い物には多くが吸収されますが、色が薄いと反射したり透過したりする割合が高くなります。ですから黒に近い日本人の虹彩はしっかり光をカットすることができます。しかし、欧米人の虹彩は色が淡い分、強い光が当たると少し光を反射したり透過したりするようです。この光の影響で欧米人はランプの輝きが直接見えることを嫌うといわれています。ですから欧米の住宅はランプを直接見せないランプシェードや間接照明が、オフィスでもルーバーやカバー付の蛍光灯が使われています。経験的にいうと、日本人はランプの輝きが直接見えない空間を「暗い」と評価する傾向があります。これが日本人にはヨーロッパ住宅が暗く見える原因の一つでしょう。

蛍光灯好きは明るい好き

その昔、蝋燭やオイルランプのなどの弱い光で灯りを得ていた時代は、さほど両者の明るさの差はなかったと思います。かえってヨーロッパのほうが明るいくらいではなかったでしょうか。ところが電球や蛍光灯が出現すると両者に差が生じてきます。とくに蛍光灯の出現は大きな要素であったようです。

白い蛍光灯の光は涼しげな印象、電球の黄色い光は温かみのある印象を人に与えることはよく知られています。実際に東日本と西日本では、気温が比較的高い西日本のほうが昼光色のような白い光の蛍光灯の売り上げが多いようです。地球的には、亜熱帯から温帯の日本は白っぽい光、温帯から寒帯の欧米では黄色っぽい光が好まれます。

蛍光灯の白い光が出現したとき、日本人は抵抗なく生活の光に取り入れたのでしょう。「涼しげな光でいいね」という感じでしょうか。しかし、ヨーロッパでは電球色の蛍光灯が出現するまで、これを家庭に持ち込むことはなかったようです。

実はこの光の色味の違いが満足できる明るさと関係があります。人は黄色い光では低い明るさで満足できますが、白っぽい光だとある程度の明るさがないと満足できないのです。昼の白い光と高い照度、夕暮れ時の黄色い光と低い照度という自然の光の関係に慣れ親しんだ影響があるようです。

スクラップ・アンド・ビルドが町を明るくする

日本人は伝統を重んじる民族であるというような感じを受けますが、実は柔軟性に富み、時代適応能力に優れた人種のようです。ですから住まいも時代ごとに進化してきました。加えて日本の家屋はヨーロッパに比べると比較的短い期間で壊され新築されます。そのたびに照明も新たなシステムに更新されてきたのです。新たなものをつくるときは、前のものとの改良改善点を比べたくなるのもまた日本人の几帳面な性格です。そんなとき電球に比べ消費電力が少なく、光の量が多い蛍光灯は改良改善の重要ポイントだったのでしょう。新築に限らずリフォームや照明器具の交換だけでも、「前より明るくなったよ」なんていう会話の積み重ねが日本の家庭を明るくしてきたのです。

狭い空間が明るく見せる

日本の家は狭いので、天井の真ん中に照明器具を付ければ壁も天井もすべて明るくなります。インテリアも白系が多く、光もよく反射し空間が明るく見えます。ヨーロッパの家は日本より広いので、照明が真ん中に一灯というわけにいきません。必要なところにスタンドなどを配置する一室多灯となります。必要なところだけが明るく、空間全体を見たとき光の強弱がはっきりとした空間となります。この「弱」部分が「暗い」という印象を与えるようです。ほとんどの日本人は狭いなかに光が充満した空間で育ってきましたから、無理もありません。

しかし、最近は海外旅行の一般化やさまざまなメディア情報、あるいは海外ホテル・レストランの進出などでヨーロッパの光環境に接する機会が増えたので、日本人の明るさに対する感じ方も少しずつ変化するかもしれません。

岩井達弥・岩井達弥光景デザイン

29 建物の防音対策

Q 壁や床を防音したいときには、どのような方法がありますか?

A 私たちの身の回りには、話し声やオーディオ、人の歩行音、給排水音など、さまざまな音がありますが、これらの生活音が、集合住宅では日常的な騒音問題になることがあります。ところが、騒音は聞こえていても、建築的な問題点がどこにあるのか、またその対策や音響性能の判断は、一般にわかりづらいものと思います。ここでは、壁や床の音響対策について、騒音の原因や音の伝わる性質との関係から説明します。

壁の遮音を考える

建物内での騒音は、音が、空気を媒質として伝わる場合(空気伝搬音)と、躯体などの固体を伝わる場合（固体伝搬音）とに分けて考えられ、音の伝わり方の違いによって対策が異なります。

空気伝搬音（空気音）は、屋外の交通騒音や隣室の話し声などが、窓や壁を介して聞こえてくるケースです。空気音に対する対策の基本は、ある材料で音を遮って一方の側から入る音をもう一方の側へ伝えないことです。これを遮音といいます。そのためには、コンクリートなど重くて厚い材料で媒質となる空気の伝搬経路を遮断してしまうことが有効です。しかし構造上またはプランの自由度から、すべての壁がコンクリートで施工されるとは限りません。そこで、間仕切壁として、石膏ボードなどの板材を用いて壁を二層に施工する方法（乾式二重壁）があります。一般に壁を単層で用いるより、壁材を二枚合わせて厚さを倍に増したほうが遮音量は大きく、さらに壁材と壁材との間に空気層をはさんで二重の壁構造とすることで一定の遮音効果が期待できます。このとき壁の下地材や間柱で二重壁どうしが連結していると音もブリッジして壁を透過してしまうので、連結部に緩衝材を用いたり間柱を千鳥配置にするなどの対策が必要です。この二重構造の効果は、窓についても同様で、窓と窓との間に空気の層を設けて二重の窓構造とする方法が有効です。ただし、間仕切壁周りの取合い部や窓サッシに隙間があると、騒音は空気の通り道を利用して侵入し、壁や窓自体の遮音性能を下回ってしまうことがあるので施工には注意が必要です。ときには、騒音が天井裏など日常では目に見えない隙間を通って回り込んでくる場合もあります。同様に、壁面を高い遮音性能をもつ構造で施工しても、壁部に窓や扉など遮音の弱い部位があると、総合的な性能はその箇所の性能に左右されてしまうので、開口部や隙間に対する対策は重要です。

床の遮音を考える

固体伝搬音（固体音）は、人の歩行や機械の振動が直接床や壁などの構造体に伝わり、その振動が空気中に音として放射されて、下階や隣室などに伝わるケースです。集合住宅でよく発生する苦情原因の一つが床衝撃音です。床衝撃音は、さらに小物の落下や靴音などから発生する「コツ・コツ」といった衝撃力が小さく軽く高い音の軽量床衝撃音と、子どもの飛び跳ねや走り回りなどで発生する「ドスン・ドスン」といった衝撃力が大きく重く低い音の重量床衝撃音に分類されます。一般にはこれら軽量と重量の両衝撃音に対して対策することが大切です。軽量床衝撃音は、フローリングや石張り床でよく問題になります。対策としては、床仕上

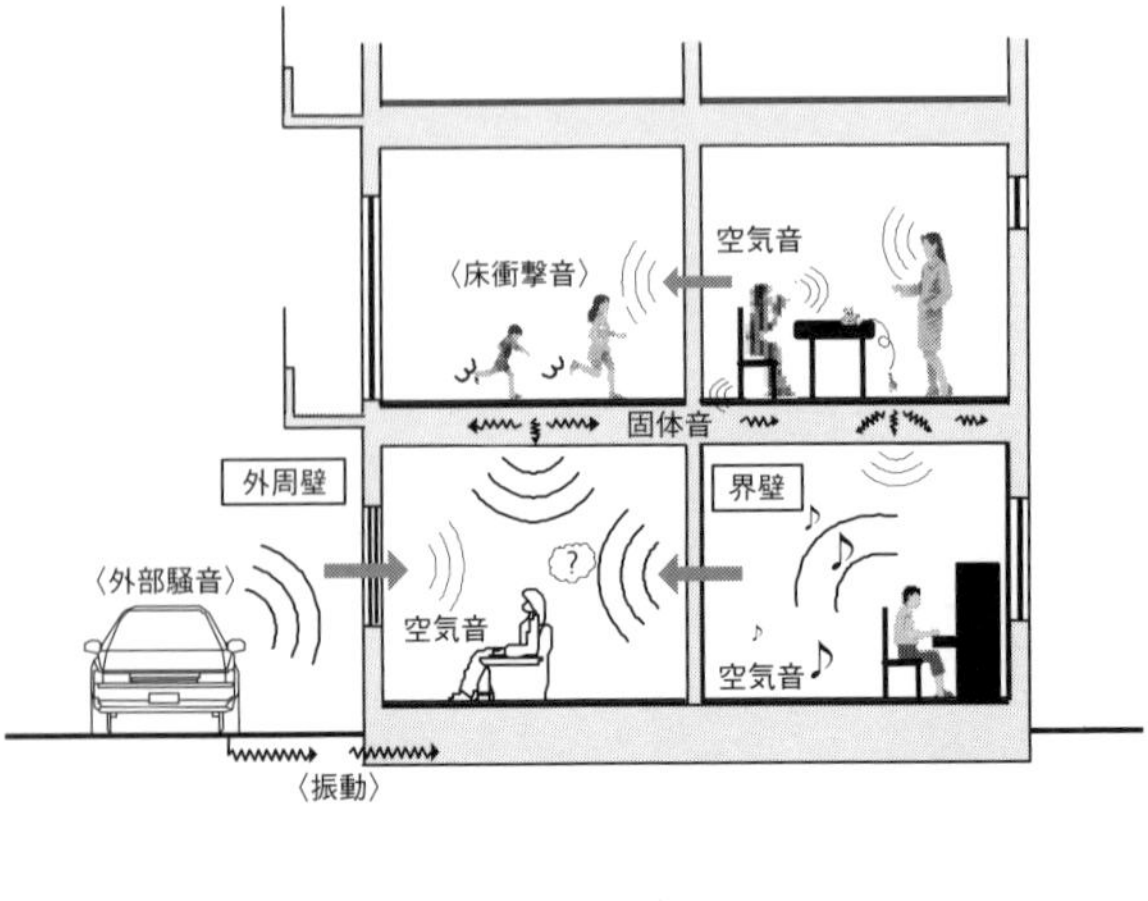

げ面に柔軟性をもたせることで衝撃力を吸収できるので、カーペットや畳敷にするか、フローリングでも下地に緩衝材が入っている床仕上げ材などを用いれば問題は軽減されます。また椅子の足裏にクッション材を張れば引きずり音に対しても効果があります。一方、重量床衝撃音はより大きな力がかかるので、床表面の柔軟性だけでは解決できません。これには床スラブ自体の重量や剛性を上げて、振動しにくい床にすることが基本です。一定の性能を得るためには普通コンクリートスラブで二百ミリメートル相当以上のスラブ厚さは必要でしょう。さらに有効な方法としては床スラブ上に緩衝材を敷きつめ、その上に浮き床コンクリート層を施工して二重床とし、衝撃力を絶縁する湿式浮き床工法があります。床スラブ上に束をたてて板床を防振ゴムで支持する乾式二重床もありますが、一般に浮き床で十分な重量や剛性が得にくいことから湿式ほどの効果は得られず、施工によっては、スラブのみの床衝撃音遮断性能より劣ってしまう場合があるので注意が必要です。

このような遮音性能や床衝撃音などの音響性能は、ＪＩＳにもその測定法や評価法が定められており、環境や要求の程度によって適正な性能を選択する必要があります。健全で快適な建築空間を実現するためには、設計・施工者はもちろんのこと、居住者自身もこのような音の伝わるしくみや対策方法、さらに音響性能の評価方法について十分理解しておく必要があると思います。

橋本　修・日本大学

快適な空間

30 CASBEE

Q CASBEEとはなんですか？
また、どのように活用されているのですか？

A

環境性能でランク付け

大量の資源・エネルギーを消費・廃棄している建築分野においては、サステナビリティ（持続可能性）を推進するための具体的な技術手段、政策手段の開発と普及が求められます。その実効性のある手法として開発されたCASBEE（建築物総合環境性能評価システム、Comprehensive Assessment System for Building Environmental Efficiency）は、建物を環境性能で評価し、格付けする手法です。CASBEEによる評価では、「Sランク（素晴らしい）」、「Aランク（大変良い）」「B^{+}ランク（良い）」「B^{-}マイナス）ランク（やや劣る）」「Cランク（劣る）」という五段階の格付けが与えられます。CABEEではこの五段階の格付けを、「環境効率」の考え方を用いて新たに開発された評価指標BEE（建築物の環境性能効率、Building Environmental Efficiency）の数値によって行います。

CASBEEの特徴

CASBEEは、①建築物のライフサイクルを通じた評価ができること、②「建築物の環境品質・性能（Q）」と「建築物の外部環境負荷（L）」の両側面から評価すること、③環境効率（Q／L）の概念に基づく評価指標であること、という三つの理念に基づいて開発されています。環境負荷の低減と居住環境の質の向上を同時に目指し、公共・民間を問わず、あらゆる用途の建築物に対して、建築行政における環境施策の推進（建築確認申請と工事完了段階のCASBEE評価結果の届け出、容積率緩和や補助金などの各種優遇措置など）、設計コンペやプロポーザル、大学等建築専門教育や実務専門家教育

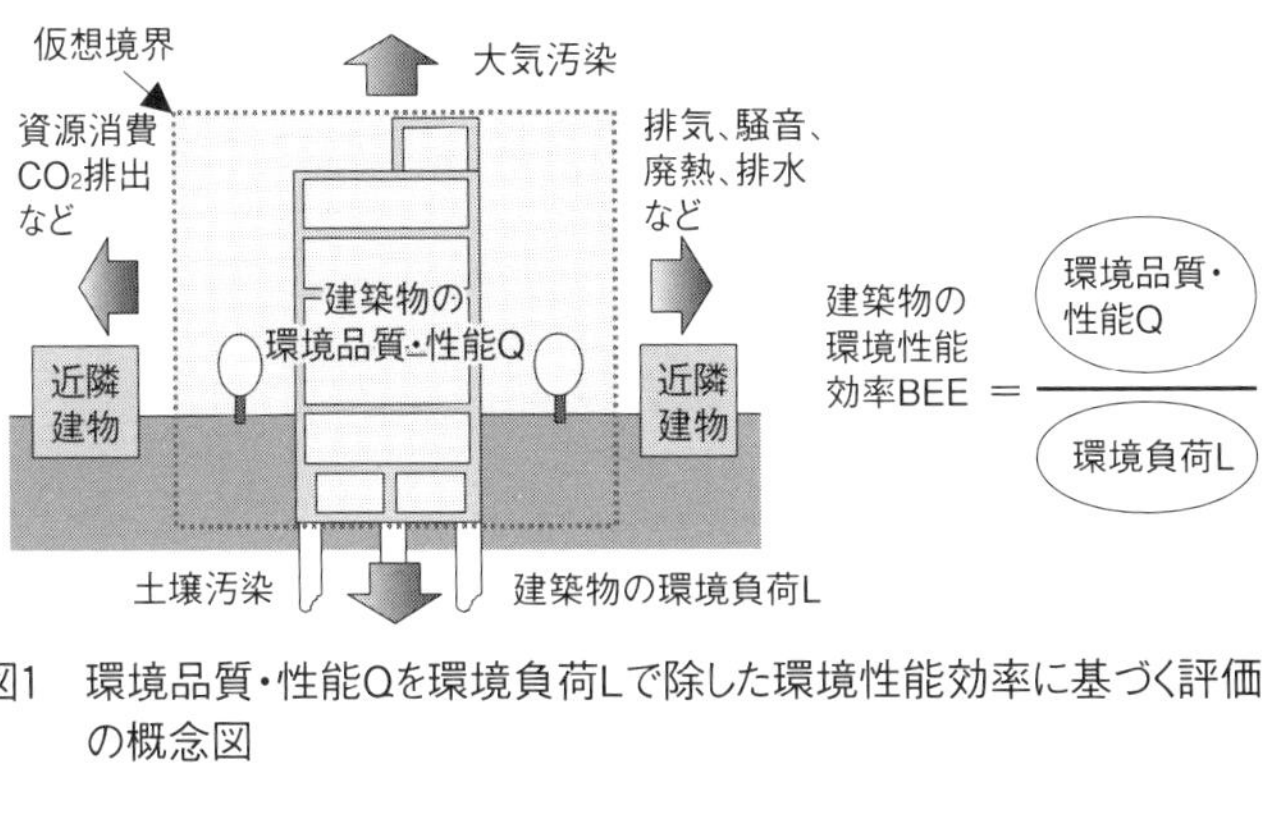

図1　環境品質・性能Qを環境負荷Lで除した環境性能効率に基づく評価の概念図

（CPD）、CASBEE評価員登録制度、第三者認証制度など、さまざまな場面で活用されています。

二〇〇一年に国土交通省の主導の下にCASBEEの開発が始まり、二〇〇六年現在、あらゆる用途の建築物について、新築段階・運用段階・改修段階の評価、ヒートアイランド緩和方策の評価、万博パビリオンなどの短期使用建築物の評価のほか、戸建住宅用の評価（試行版）や、まちづくりの評価のためのシステムも公表されています。

CASBEEの現状

環境性能効率BEEのグラフを図2に示します。建築物の環境品質・性能Qを縦軸に、環境負荷Lを横軸にとることによって、座標軸の原点を通るQ／Lの傾きを持つ直線上の1点として表現することができます。ここでは、対角線（BEE＝1.0）上にある建物の環境性能が普通の建物を表すように採点基準を定めています。したがって、Qが大きく、Lが小さい

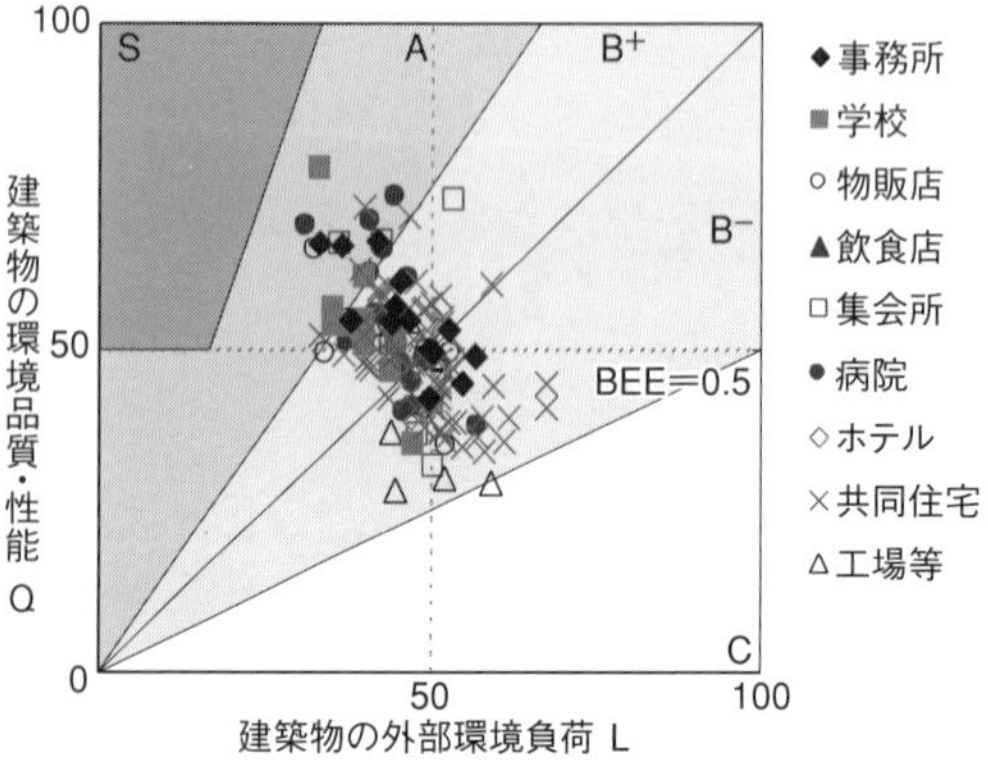

図2　建築物の環境性能効率BEEに基づく環境格付け（名古屋市の届出事例）

ほど傾斜が大きくなり、より優れたサステナブル建築であることを表します。これによって、BEE値が増加するのに対応して、Cランク（Poor：劣る）、B⁻（マイナス）ランク、B⁺ランク、Aランク、Sランク（Excellent：素晴しい）として格付けします。図2は、環境条例に基づいて、名古屋市に届け出られた新築建物（二〇〇四年度、二千平方メートルを超える建築物）の評価結果です。ひとつのマークがひとつの建物に対応します。ほとんどの建物がB⁺とB⁻（マイナス）に格付けされ、Aランクはまだ少数です。これらのひとつひとつの届出結果の詳細は、インターネット上で、建築主、設計者、施工者などの実名入りで公表されていて、今後は、より良い評価の建築物が増えてゆくことが期待されます。

ＣＡＳＢＥＥは、二〇〇五年四月に閣議決定された京都議定書目標達成計画にも活用推進が明記され、名古屋市だけではなく、同様の制度が、大阪市（２００４・10）、横浜市（２００５・７）京都市（２００５・10）、京都府（２００６・４）、大阪府（２００６・４）、神戸市（２００６・８）、川崎市（２００６・10）、兵庫県（２００６・10）をはじめ多くの地方自治体で活用され、さらに全国の自治体に広まりつつあります。

伊香賀　俊治・慶應義塾大学

★…関連ＵＲＬ：（財）建築環境・省エネルギー機構（http://www.ibec.or.jp/CASBEE/index.htm）
★…村上周三ほか、実例に学ぶＣＡＳＢＥＥ、環境性能の高いサステナブル建築はこうしてつくる（日経ＢＰ社、二〇〇五年九月）

快適な空間

31 生体リズムと照明

Q 光は人間の生体リズムに影響を与えるといわれていますが、室内の照明は大丈夫でしょうか？

A

生体リズムとは？

生体の周期現象（サーカディアンリズム）とは、生物のさまざまな生体機能が約一日を周期として変動する現象をさします。光などの外界の手がかりがまったくない状況に隔離されると、このリズムは（約二十五時間周期）になり、これは自由継続リズム（フリーランリズム）と呼ばれています。通常、ヒトが二十四時間周期をとるのは、地球の自転に基づいた二十四時間周期の環境に生体リズムを同調させているためです。乳児は生後三週目から十五週目は約二十五時間周期で、十六週目以後に二十四時間周期のパターンが形成されていきます。ヒトは誕生に至るまでの十ヶ月間を光の届かない母胎という環境空間にいて、約二十五時間を周期とする一つの体内時計をつくり上げますが、誕生とともに光を浴び始めると、二十四時間に同調するようになるのです。

光の影響

従来は、リズムを同調させる環境因子（同調因子）として、社会的な接触などが重要だとされていましたが、最近では主たる同調因子は光であることが示されています。たとえば睡眠・覚醒リズムは光以外の因子（強制的なスケジュールなど）によって同調させることもできますが、生理的な周期はこれが難しく、松果体から分泌されるメラトニンの血中濃度や深部体温変化が光以外の因子によって同調するには長い日数を要します。メラトニン分泌は一般に図1のように変化し、分泌が抑制されているときに覚醒度が高くなります。このように睡眠・覚醒リズムそのものが光に同調するのではなく、まずメラトニン分泌などのリズムが光同調し、その二次的結果として睡眠・覚醒リズムが同調すると考えられるよう

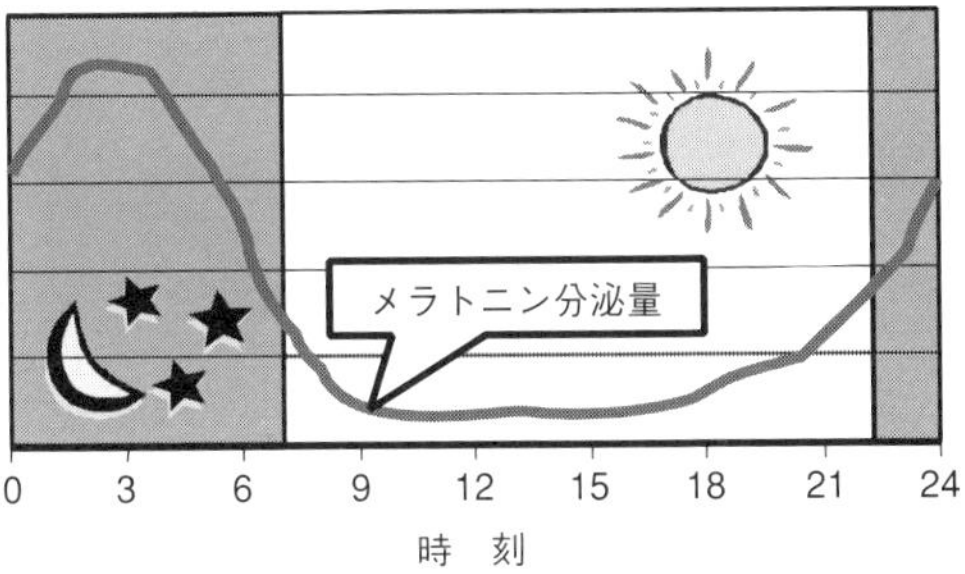

図1　メラトニン分泌の時刻変化

になってきました。

医療現場では生体リズムの同調の不良による病気の一つである睡眠障害の治療に光が用いられています。高照度光療法と呼ばれ、一般に二千五百ルクス以上の光を昼間に照射し、昼間のメラトニン分泌を抑制し、夜間のメラトニン分泌を促進させようとするものです。治療効果は体質や病状によって異なりますが、高照度光は生体リズム不調による症状の治療に有効なことは証明されています。

視覚との違い

生体リズムに影響を及ぼす可視光の波長範囲に関しても研究されています。それによると、ヒトの目は五百五十ナノメートルの光が最も明るく感じ、明るさの感度（視感度）は図２に示した①の曲線になるのに対し、メラトニンの分泌抑制に関しては、図２の②に示すような感度となり、視覚の感度より波長が短い側、青っぽい光が効果的になるそうです。建築の照明設計などは「照度」が用いられていますが、照度の基になっているのは視

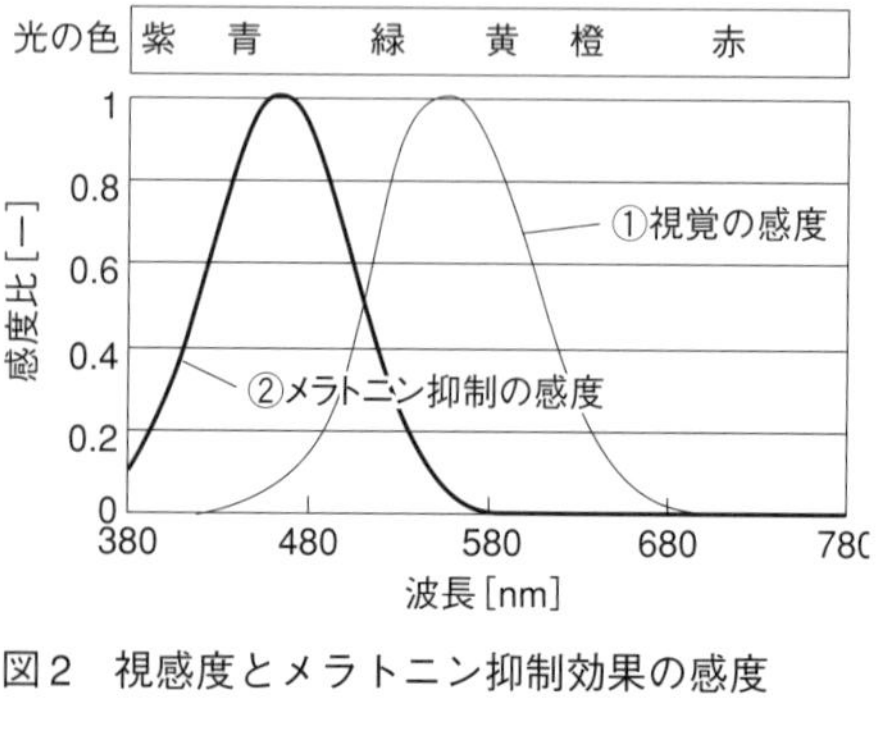

図2　視感度とメラトニン抑制効果の感度

覚の感度（図の①）なので、厳密にいえば照度では光の生体リズムへの影響の大きさを示すことはできません。

生体リズムと照明

ところで一般の照明について考えてみると、現代人は生活中の九割の時間を屋内で過ごすといわれており、光の浴び方も昼夜の差が小さくなっています。地下空間、無窓空間など太陽からの光の変化が期待できないところでは、光の不足によって起こる抑鬱症（たとえば冬季に日照時間が著しく減少する北欧などの高緯度地域で起こる季節抑鬱症（Seasonal Affective Disorder））の可能性があり、また、逆に夜間の青みの強い光は睡眠を後退させるおそれがあります。

今後は建築においても「見る」ためだけの光環境ではなく、生体リズムを考慮した光環境設計が求められていくでしょう。

岩田利枝・東海大学

★…本間研一ほか：自然睡眠、臨床脳波　六号、九〜十五頁、二〇〇〇
★…Brainard G.C et.al.: Action spectrum for melatonin regulation in humnan evidence for a novel circadian photoreceptor, The Journal of Neuroscience, 21（13）, 2001,pp.6405-6412 9-15.

都市デザインと文化

32 景観法とまちづくり

Q 景観法が成立しましたが、制定に至った背景や法律の概要について教えてください。

A わが国で初めて、景観に関する総合的な法律である「景観法」が、平成十六年六月十八日に公布され、平成十七年六月一日に全面施行されました。ここでは、景観法について、その制定に至る背景と目的、内容について紹介します。

景観法制定の背景

わが国のまちづくりについては、戦後の急速な都市化の進展のなかで、経済性や効率性、機能性が重視された結果、美しさへの配慮を欠いていたことは否めません。

しかし、近年、急速な都市化の終息に伴って、美しい街並みなど、良好な景観に関する国民の関心が高まり、いわば価値観の転換点を迎えています。

　これらを背景として、全国の地方公共団体において、景観に関する自主条例が制定され（四百七十市町村、五百二十四条例／二十七都道府県、三十条例、平成十六年三月三十一日時点）、年々、その数は増加していました。また、景観に配慮した都市整備が各地で進められるなど、良好な景観の形成に向けた取り組みが進められていました。

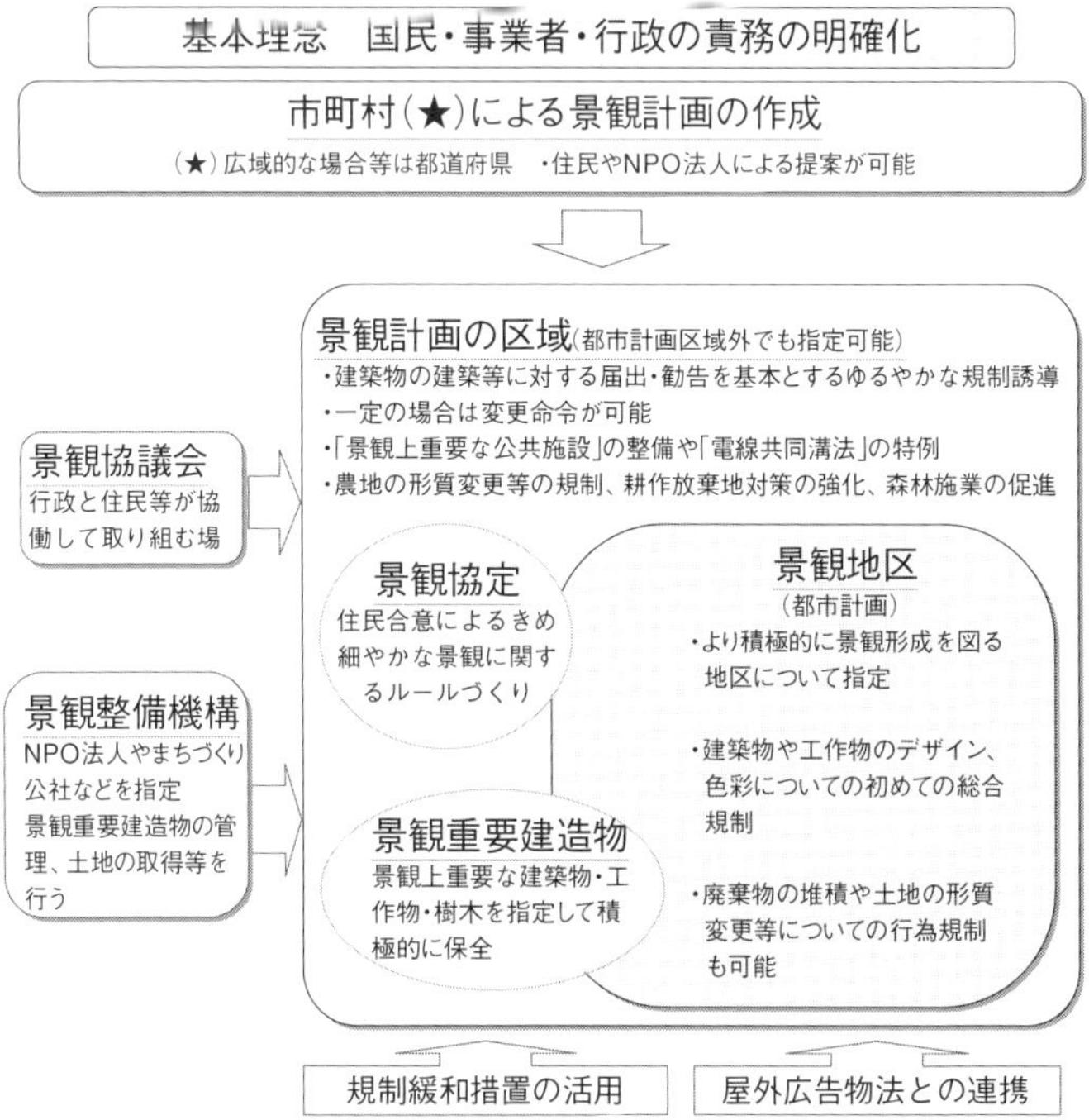
基本理念　国民・事業者・行政の責務の明確化
市町村（★）による景観計画の作成
（★）広域的な場合等は都道府県　・住民やNPO法人による提案が可能
景観計画の区域（都市計画区域外でも指定可能）
・建築物の建築等に対する届出・勧告を基本とするゆるやかな規制誘導
・一定の場合は変更命令が可能
・「景観上重要な公共施設」の整備や「電線共同溝法」の特例
・農地の形質変更等の規制、耕作放棄地対策の強化、森林施業の促進
景観協議会
行政と住民等が協働して取り組む場
景観整備機構
NPO法人やまちづくり公社などを指定
景観重要建造物の管理、土地の取得等を行う
景観協定
住民合意によるきめ細やかな景観に関するルールづくり
景観重要建造物
景観上重要な建築物・工作物・樹木を指定して積極的に保全
景観地区
（都市計画）
・より積極的に景観形成を図る地区について指定
・建築物や工作物のデザイン、色彩についての初めての総合規制
・廃棄物の堆積や土地の形質変更等についての行為規制も可能
規制緩和措置の活用
屋外広告物法との連携

景観法の概要

しかしながら、地方公共団体の景観条例を支える法律の根拠がなく、また、景観条例における建築物等の建築等に際しての規制はほとんどが届出勧告制で、いざというときの強制力は乏しいものがありました。加えて、地域の景観上重要な建築物の指定制度を設ける地方公共団体もありましたが、これを保全するために必要な規制緩和等の実効性ある措置は講じられていなかったため、地方公共団体からも景観に関する基本法制の制定が求められていました。

景観法について

国土交通省としても、平成十五年七月に公表した「美しい国づくり政策大綱」において、良好な景観の形成を国政上の重要課題として位置づけ、さらに、具体的な施策に結び付けるため、「景観法案」を、「景観法の施行に伴う関係法律の整備等に関する法律案」および「都市緑地保全法等の一部を改正する法律案」と併せて、いわゆる「景観緑三法案」として第一五九回国会に提出しました。

成立した景観法の概要は、その内容によって、大まかに、景観に関する基本法的な部分と良好な景観の形成のための具体的な規制や支援を定める部分の二つの部分に分けることができます（前頁の図参照）。

基本法的な部分では、良好な景観の形成に関する基本理念や、国、地方公共団体、事業者および住民の責務を明らかにし、良好な景観の形成を国政の重要課題として位置づけています。

具体的な規制等に関する部分では、景観計画の策定、景観計画区域、景観地区等における行為規制、景観重要公共施設の整備、景観協定の締結、景観整備機構による良好な景観の形成に関する事業等の支援等について定めており、これまでの地方公共団体の取り組みを踏まえ、条例では限界のあった強制力を伴う法的規制の枠組みを用意しています。

また、景観重要建造物に対する建築基準法の規制の緩和など総合的な支援の仕組みを措置しています。

景観法に基づく、これらの制度を活用することにより、都市、農山漁村等における良好な景観の形成を促進し、美しく風格のある国土の形成、潤いのある豊かな生活環境の創造および個性的で活力ある地域社会の実現を図ることが期待されます。詳しくは、国土交通省のホームページをご覧ください。

国土交通省 都市・地域整備局都市計画課

33 市街地の活性化

Q 中心市街地の衰退は海外でも問題になっているのですか？

A 中心市街地の衰退は、日本の都市だけではなく、急激な車社会の進展に伴う郊外化の結果、多くの先進国の都市が経験している共通のまちづくりの課題です。アメリカでは、第一次世界大戦後の自家用自動車の急速な普及と、それに伴う高速道路ネットワークの整備により郊外化が進み、都心部から郊外への人口の流出は、都心部の居住人口の減少だけではなく、都心部のコミュニティの崩壊、居住人口の階層化、治安の悪化、商業活動の衰退、物的環境の劣化などの問題をもたらしました。

アメリカにおける中心市街地衰退への取り組み

アメリカでは、一九五〇年代後半から疲弊した都心部の再生に取り組むようになりました。

初期の都心部再生の取り組みは、連邦政府主導の都市再開発に加えて、ミシガン州カラマズーやカリフォルニア州フレスノの都心部に代表される、歩行者モールの整備を中心に行われました。歩行者に対する豊かなアメニティを提供することで、ダウンタウンに人々を呼び戻そうとするものでした。一九六〇年代後半から一九七〇年代になると、歩行者に対するアメニティに加えて公共交通手段によるモビリティの確保を意図したトランジット・モールが登場します。全米の都市において行われたこれらのモールによるダウンタウンの活性化も、一時的には効果を生みましたが、郊外化の波に抗する十分な処方箋にはならず、現在、アメリカの多くの都市の中心市街地では、こうし

衰退した中心市街地を再生し、夜まで賑わいの絶えないカリフォルニア州サンタモニカ市サードストリート・プロムナード

た交通をはじめとする物的環境の改善に加えて、以下で説明する経済活動を含む「ビジネス促進地区」や「メインストリート・プログラム」を活用した、よりトータルな都心の再生に取り組む都市が増えてきており、その幾つかは大きな成果を収めています。

ビジネス促進地区（BID：Business Improvement District）

ビジネス促進地区（ＢＩＤ）とは、中心市街地における産業活動を活性化させるための環境整備を目的として定められた一種の特別賦課金地区で、ここでは、防犯、清掃、公的施設の管理などの公益的なサービスはもちろん、行政からは得られにくい産業振興やマーケティングなどのサービスも、州法および市条例に基づいて提供されます。ＢＩＤは法律に基づく特別地区であり、その運営は地区で活動するＮＰＯ（民間非営利組織）に委託されており、各地区が自律的にＢＩＤを運営しています。活動資金は、地方自治体が固定資産税とともに徴収地区内の不動産所有者から賦課金として徴収し、その資金をＢＩＤ運営組織に交付するかたちをとっています。

ＢＩＤの意思決定機関は、賦課金を支払った不動産所有者のほか、行政やテナントによって構成される理事会であり、この中で年間予算、負担金の計算方法、活動内容などが定められています。執行機関は、その地区をベースに活動するＮＰＯに委託されることとなります。

メインストリート・プログラム(Main Street Program)

メインストリート・プログラムは、一九七〇年代後半に歴史環境保全組織であるナショナルトラストが発足したプログラムです。このプログラムでは、地域の歴史的建築物の保全だけではなく、地域資源を活用した経済の活性化も視野に入れた中心市街地活性化を進めています。組織・運営は、ナショナルトラストの一部として設立されたナショナル・メインストリート・センター(非営利組織)が行い、全米各地のメインストリート・センターをとりまとめ、地域の活動に対するさまざまな支援活動やアドバイスを行っています。

イギリスのタウン・センター・マネージメント

イギリスでも郊外の大規模ショッピング・センターの開発などにより、都心の商業環境が悪化し、中心市街地の活性化を図るタウン・センター・マネージメント(Town Center Management)の活動が盛んに行われるようになりました。その中では、都心の交通環境の改善を図るパーク・アンド・ライド(Park and Ride)や、防犯環境を改善するための監視カメラの導入などが行われています。

倉田直道・工学院大学

34 都市再生機構の役割

Q 都市基盤整備公団が都市再生機構に変わり、役割や業務はどのように変わったのでしょうか？

A 独立行政法人都市再生機構（以下、都市機構）は、二〇〇一（平成一三）年一二月に閣議決定された「特殊法人等整理合理化計画」に基づき、都市基盤整備公団を解散し、地域振興整備公団の地方都市開発整備部門と統合して、二〇〇四（平成一六）年七月一日に設立された法人です。

もともとの母体は一九五五（昭和三〇）年に設立された日本住宅公団であり、一九八一（昭和五六）年に住宅・都市整備公団へ、一九九九（平成一一）年に都市基盤整備公団へと、特殊法人としてそれぞれ時代の要請に即して変遷してきました。

都市機構の役割

都市機構は、都市再生分野における民間事業者の新たな事業機会を創出し、民間事業者の潜在力を最大限に引き出すための条件整備、支援に業務を重点化しています。

事業実施の方法としては、都市基盤整備公団までは、企画・構想から基盤整備・建築物整備まですべて自ら実施してきましたが、都市機構は、民間事業者にできることは民間事業者に委ね、その事業機会を創造する「プロジェクトプロデューサー」として都市再生における先駆的役割を果たしていきます。

具体的には、開発デベロッパー等の民間事業者が大規模な都市開発事業を行おうとする場合、多数の関係者間の意見調整や利害調整の困難性、公共施設整備とのスケジュールのミスマッチ、初動期の資金確保の困難性、用地先行取得や公共施設整備等に関する民間の負担能力を超えたリスク等が隘路となる場合があります。都市機構は、このような隘路を打開し、民間事業者による都市開発事業のための条件整備・支援を実施します。

また、都市機構が都市基盤整備公団から承継する約七七万戸の賃貸住宅は、大都市圏における良質な賃貸住宅の不足を解消すべく政策的に供給されてきた国民共有の貴重な財産であるため、その再生・有効活用を図っていく必要があります。とくに、大都市地域を中心に賃貸住宅ストックが不足している現状においては、都心居住の推進や高齢者の居住の安定確保、子育て環境の整備等、その再生・有効活用を図っていくことは、居住環境の向上という都市再生の重要な課題に応えるものです。

都市機構の業務

都市機構は上記の役割を果たすため、主として以下の業務に取り組みます。

（1）都市機能の高度化および居住環境の向上を通じた都市の再生

民間の都市開発事業を支援するコーディネート業務を実施するとともに、民間投資を誘発すべく、市街地再開発事業、土地区画整理事業、土地有効利用事業、住宅市街地総合整備事業等の面的整備事業および道路、公園等の関連公共施設の整備を実施します。

また、民間事業者によるファミリー向け賃貸住宅の供給を支援するため、当該賃貸住宅の供給に適した敷地整備を実施します。

（2）良好な居住環境を備えた賃貸住宅等の安定的な確保等

既存賃貸住宅ストック等の再生と活用を図るため、まちづくりと一体となった建替事業を実施するとともに、バリアフリー化等の住宅性能の向上を図るため、リニューアルによる改良および高齢者優良賃貸住宅の供給を行います。
また、既存賃貸住宅における居住者の居住の安定、賃料水準の向上等を図るため、適切な維持管理を実施します。
（3）新規に着手しないこととされた業務等
ニュータウン整備事業、新規の特定公園施設（国営公園内の有料施設）整備業務、分譲住宅業務、鉄道業務等、政策的に実施の必要性が低下した業務については、業務の執行管理を確実に行い、計画的に事業を完了していきます。

都市機構は、数ある独立行政法人のなかで社会との接点が一番大きく、社会経済情勢の変化に敏感に行動していかねばならない組織だと思われます。独立行政法人となった今、利益確保、キャッシュフロー確保等といった民間の経営思想も取り入れながら、都市再生という国家的課題の解決への期待、ニーズに応えていかなければなりません。

大山 雄二郎・都市再生機構

35 世界遺産

各地で世界遺産への登録を目指す動きがありますが、世界遺産はどのように選ばれるのですか?

また近年の世界遺産をめぐる話題や問題を教えてください。

文化遺産と自然遺産

「世界遺産」は、一九七二年に成立した通称「世界遺産条約」（世界の文化遺産および自然遺産の保護に関する条約）によって誕生した概念で、文化と自然にかかわるかけがえのない遺産の保護を地球規模で推進しようとする条約の精神を背景としています。世界遺産条約には、世界遺産リストが付いていて、このリストに掲載されると、世界遺産として認定されたことになります。二〇〇六年八月現在、文化遺産六百四十四件、自然遺産百六十二件、複合遺産（文化および自然の両方にかかわる特性を備える遺産）二十四件の計八百三十件がリストに掲載されています。

登録は、毎年一回開催される世界遺産委員会で審議・決定され、わが国からは二〇〇四年の蘇州（中国）会議で「紀伊山地の霊場と参詣道」、また二〇〇五年のダーバン（南アフリカ共和国）で「知床」の登録が決まりました。

世界遺産登録までの歩み

世界遺産委員会への登録申請は原則として締約国から行われ、各国は、申請前に当該物件をまず国内の暫定リストとして登録公開することになっています。各国の暫定リストから世界遺産登録への候補物件が決まると、文化遺産に関してはＩＣＯＭＯＳ（国際史跡記念物会議）が、また自然遺産に関してはＩＵＣＮ（国際自然保護連合）が専門家からなる評価団を現地に派遣し、その「評価レポート」が各国提出の申請書類とともに世界遺産委員会の審議資料となります。登録審議までのさまざまな条件や手続きは、「作業指針」としてまとめられています。

ここで重要なのは、登録は遺産保護の最終目標ではなく、出発点であるということです。各国は条約の定めに基づき、登録物件の保護に特別の配慮と方策を講じなければなりません。世界遺産の登録には、こうした義務が伴うのです。

世界遺産をめぐる問題

世界遺産制度は、文化と自然両領域を覆う全地球的な保護体制ですが、問題がないわけではありません。すでに述べたように、保有国には登録後の義務が生じますが、急速に登録数が増え過ぎたために、きちんとした保護や配慮などの義務が十分に果たされない場合も多く、観光化によって危機的状況にある遺産も増えています。

また、ここ何回かの世界遺産委員会では、「不均衡」をめぐる問題が繰り返し議論されています。文化遺産と自然遺産の数には開きがあり、遺産を保有する国にも偏りがあります。文化遺産の認定が文化の多様性に対応しているのに対し、自然遺産では「他に類をみない傑出した自然」が選定の前提になるという、選定基準の問題もあり、これはICOMOSとIUCNの専門家が遺産をどう考えるかという理念の問題でもあります。世界遺産委員会への申請資料の作成も登録へ向けての大きな作業ですが、詳しく、また説得力のある美しい資料を準備できる国とそれが困難な国、ICOMOSやIUCNのミッションを受け入れて、十分な対応説明ができる国とそれが困難な国との不均衡も生じています。

文化遺産に関しては、世界遺産条約が西欧諸国の主導で成立した背景から、西欧的価値観による遺産概念が優先されてきたことも否めません。地球的視野に立つ「文化の多様性」への理解はこれからの大きな課題の一つです。また、人間が自然に働きかけて、いわば人間と自然の「合作」として形成された「文化的景観」も、世界遺産の新しい概念として注目されます。

世界遺産への登録申請は締約国からの申請が前提ですが、近年、複数の国が共同で一つの遺産の申請をする例も生まれました。国境を越えて複数の国が遺産を共有する場合、シリアル・ノミネーション（連続性のある遺産としての登録）とトランス・バウンダリー・サイト（国境を越える遺産）としての登録があります。二〇〇五年のダーバン会議では、十九世紀の地理学者シュトルーベが子午線の長さの測定を目的として設置した石標が、フィンランドなど十カ国共同で申請され登録されました。個々の石標はそれほどの価値をもちませんが、現存するすべてを全体としてとらえると、地球の大きさを測量しようとした壮大な試みの証跡として歴史的、文化的に大きな意味をもつと考えられます。今後は、文明や文化の交流・伝播を担った「文化の道」などがトランス・バウンダリー・サイトとして申請されるでしょう。

ユネスコとしては、遺産を通じた平和維持と連帯を推進するためにも、また増え続ける世界遺産の数を制御するためにも、こうした新しい壮大な遺産概念を重視しています。海に囲まれたわが国ですが、国内の世界遺産誕生だけを目指すのではなく、新しい概念に対応した取り組みを考える時期にあるといえます。二〇〇六年には「無形文化遺産保護条約」が発効し、世界遺産制度は、成立後三十年を経て、新しい展開点に来ています。

日高健一郎・筑波大学

36 歴史的建築物

Q

東京の「三井本館」は重要文化財ですが、「豊橋市公会堂」は登録文化財です。同じ昭和初期の歴史的建築物なのに何が違うのでしょうか？

A

重要文化財、登録文化財という歴史的建築物の肩書きは、文化財保護法という法律によって定められています。この法律では、文部科学大臣が、歴史的建築物のうち、「重要なもの」を重要文化財に指定、「保存と活用がとくに必要とされるもの」を登録有形文化財に登録できることになっています。登録文化財は、登録有形文化財の略称です。

重要文化財と登録文化財の違い

どのような歴史的建築物が、重要文化財、登録文化財になるのかについては、文部科学省が基準（国宝及び重要文化財指定基準、登録有形文化財登録基準）を示しています。重要文化財は、意匠的に優秀、技術的に優秀、学術的価値が高い、歴史的価値が高い、地方的または流派的な特色が顕著、といった要件の一つを満たし、かつ、各時代または類型の典型であることとされています。これに対して、登録文化財は、建設後五十年を経過し、かつ、国土の歴史的景観に寄与している、造形の規範となっている、再現することが容易ではない、という要件の一つを満たせば良いこととなっています。重要文化財の基準には建設後の年数がありませんが、登録文化財よりも限定されたものなので、当然、五十年以上経過したものということになります。

質問にある昭和初期の歴史的建築物を例に、違いをみてみましょう。昭和初期の建築物は、多数現存するので、すべてが「各時代（昭和初期）または類型の典型」とはいえません。そのなかで、三井本館は、当時のオフィスビルの代表としての価値が認められ、重要文化財に指定されたのです。これに対して、豊橋市公会堂は、たとえば、同時代の公会堂建築がほかにもあるなど、典型というほどの価値がまだ定まっていないことになるのでしょう。

三井本館（東京都中央区、重要文化財）
昭和八年竣工　鉄骨鉄筋コンクリート造建築の初期の例でもある。設計はアメリカのトローブリッジ＆リビングストン社

法律用語としても、「指定」と「登録」は、異なる意味をもっています。指定は特別なものを指名するというように対象が限定的なのに対して、登録は要件を満たすものを名簿にのせるというように対象が広範である場合に用います。重要文化財、登録文化財の基準は、この法律用語を反映したものなのです。たとえば、近代のものについてみると(平成十七年十一月現在)、重要文化財が四百二十棟に対し、登録文化財は四千四百七十二棟です。

文化財の保護

重要文化財と登録文化財の違いは、価値や数の違いだけではありません。両者は、文化財としての保護の目的も異なっています。重要文化財の指定は、その永久的な保護を図るという考え方に立っています。このため指定と同時に、所有者等が行う改造や管理に対して、強い規制が課せられます。これに対して、登録文化財への登録は、国が管理する名簿にその名を登録し、存在を広く知らせることによって、人々の保護への意識を喚起しようという考え方に立っています。このため、所有者等への規制は、外観の大規模な改造に事前の届出を義務付けるといった必要最小限に留められています。

文化財保護法では、重要文化財、登録文化財ともに、保護は原則として所有者が行うことになっています。ただし、重要文化財については、地方公共団体が所有者に代わって保護し、それを国が支援する、という道筋も同法で定められています。これに対して、登録文化財については、その道は開かれていません。これも、指定と登録の目的の違いをよく示すものといえるでしょう。見方をかえると、登録文化財については、所有者の主体的な意思による保護に期待し、少々の改造や改変は許容しているともいえるでしょう。

歴史的建築物の価値に応じて、保護の目的や規制をかえる手法は、日本に限らず世界の各国でも行われています。たとえば、イギリスでは、グレードⅠ、グレードⅡ＊、グレードⅡという三種に歴史的建築物を分類しています。

日本の文化財には、国が定める重要文化財、登録文化財のほかに、文化財保護法に基づく地方公共団体の条例（文化財保護条例）による指定（県指定、市町村指定等）もあります。また、平成十六年には景観法が制定され、同法に基づく景観重要建造物の指定制度が導入されました。さらに、国が景観法を導入する以前から、先進的な地方公共団体（例えば、川越市、函館市）では、独自の条例によって歴史的建築物を指定する仕組みを導入しています。歴史的建築物の肩書きは、今後ますます複雑になりそうです。けれども、肩書きに迷わされるのではなく、法律や条例を使って歴史的建築物を残していく道が、より多く開かれているのだと認識することが大事なのではないでしょうか。

後藤　治・工学院大学

都市デザインと文化

37 「和」のスタイル

Q ZEN STYLEとは何でしょうか?禅様とは関係がありますか?

A この数年、家具・インテリア関連のショップでは「日本調」と思われるものが、スペースとしてはっきりとした場を占めるようになってきました。雑誌などでも、「日本的」な小物や家具、インテリアが頻繁に紹介されています。そうしたものを総じて「日本」ではなく「和」という言葉でくくっています。漆器や陶磁器、そして紙や竹や麻などの自然素材、あるいは低めの椅子やテーブルなど、誰もがどこかしら日本的なものだという印象を受けるもので構成されています。

しかし、たとえばジョージ・ナカシマの椅子やテーブルにみられるように、日本的なデザインではありますが、近代以前から日本に存在しているものではないものが決して少なくはありません。

住宅における「日本的な」デザイン

知られるように、近代日本の住宅は、一言でいえば、和洋をいかに接合あるいは折衷ないしは融合し、辻褄をあわせるかという作業の歴史であったという面があります。そうしたなかで考案され出現してきた日本的なデザインは、明らかに新しくつくられた日本的なものでした。家具のデザインも同様です。座卓や卓袱台は、ヨーロッパのダイニングテーブルの日本的なアレンジです。明治末には、すでに伝統的な日本的住宅や室内装飾が忘れられつつあるとして、それらに関する書籍が多く出版されています。とはいえ、日本的なるものがいかなるものなのかということは、つねに変化し続けてきたのですから、新しくつくられた日本的デザインを無闇に批判する必要はないように思えます。

「禅宗様」を感じさせるデザイン

「和」といわれるものがどことなく日本風デザインを感じさせるように、「ZEN STYLE」というのも、「禅宗様」あるいは「禅様」そのものというよりは、「禅宗様」を感じさせるデザインといったほうがよいでしょう。そもそも日本の「禅宗様」の建築にしても、宋代の中国のスタイルが禅宗とともに移入されたのですが、しだいに日本化したものになっています。中国から入ってきた禅宗様は、スタイルとしてすでにまとまりをもっていました。細部の表現や構造は、一般に材が細く、梁によって柱を少なくしたり、柱を貫によって接合したり、また垂木を放射状の扇垂木を使う、また長押を使わないなどの特徴がありますが、日本の技術とデザインと融合・折衷され、宗教建築に限定されることなく広がっていきました。また、それが日本の建築を特徴づけるものの一つとなっていきました。

日本の住まいは、建築物だけではなく庭と対になっており、庭は不可欠なものです。禅宗様の庭では、典型的なものは、自然を石や砂で表現した枯山水があります。切り詰めていってしまえば、水墨画の風景を庭のモデルにしているといってもよいでしょう。それは、大和絵の

東福寺の庭園（撮影：南野英二郎）

風景とは異なったものです。

禅宗様が宗教建築にとどまらず、日本の建築全体に融合し、それはやがて日本的なものとして受容されていったように、禅は日本の美意識に影響を与え、また日常生活文化全般に浸透していきました。たとえば、侘茶の祖とされる十五世紀の村田珠光は、いわば茶の湯の専門職とでもいうべき同朋衆から唐物（この言葉は禅宗様と結びついてもいる）の教養を学び、侘的な「租相」の美しさを提案しています。珠光にとって、それは禅の美意識でした。

侘茶的な美意識も禅的なものたとすれば、「茶」にまつわるものも、また禅的なスタイルと考えることもできるでしょう。しかし、現在いわれるアルファベットの「ZEN STYLE」は、そうした禅宗様や侘茶的スタイルそのものというよりは、その記憶をどこかに感じさせる「和」のスタイルを指しているのではないでしょうか。明治以降、鈴木大拙が欧米でも知られ、現在の日本では、大拙は禅である以上に「日本的」そして「和」を代表する記号と化していることとリンクしているともいえるでしょう。

柏木　博・武蔵野美術大学

FMと経営

38 ビルの再生・用途転用

Q 最近、コンバージョンが話題になっていますが、どのような動きがありますか？

A

コンバージョンの成功事例

二〇〇四年四月、日本土地建物が東京都港区南青山一丁目で進めていたコンバージョン（Conversion＝用途転用）プロジェクト「ラティス青山」の改修工事が終わり、満室で稼働しました。一九六五年に建てられた古いオフィスビルを、SOHO型賃貸住宅に変える事業です。このビルは以前、日産建設の本社ビルとして使われていました。ビル所有者の日本土地建物は当初、賃貸オフィスとして運用を続ける方針でしたが、日産建設が経営破たんして退去することになったため、用途を検討。オフィスとしてのニーズが弱かったことから、賃貸住宅に転用することにしました。この結果、オフィスのままで賃貸するときよりも高い賃料が得られるようになりました。

コンバージョンを前提にビルを取得し、成功したケースもあります。二〇〇四年三月にリニューアルオープンした東京都千代田区猿楽町二丁目の「アンテニア御茶ノ水」です。平和不動産が二〇〇三年に取得し、改修によってＳＯＨＯ型賃貸住宅に生まれ変わりました。物件取得費や改修工事費などを含めた総事業費は約五億円。満室時の年間収入を約三千六百万円と見込んでいます。

オフィスビルをSOHO型賃貸住宅に変えて満室稼働した港区南青山の「ラティス青山」

ほかにも成功事例があります。埼玉県川越市ではパチンコ店とその従業員宿舎として使われていた空きビルを、店舗併用のデザイナーズマンションに変え、満室になりました。神奈川県川崎市では、オフィスビルを学生専用マンションにして利益を向上させた事例があります。東京都中野区では三階建ての自社ビルがトランクルームに生まれ変わり、高い稼働率を維持しています。

オフィス増と投資物件不足から注目を浴びる

では、なぜコンバージョンが注目されるようになったのでしょうか。大きく二つの理由が考えられます。

一つはオフィスビルが増えたこと。その影響が競争力の弱いビルに及んでいるのです。大規模なビルが次々に完成し、オフィスの需給バランスが崩れる「二〇〇三年問題」が盛んに報じられましたが、二〇〇四年以降も大規模オフィスの建設は続きます。日経不動産マーケット情報の調べでは、東京二十三区内で二〇〇四年以降に誕生する延べ床面積一万平方メートル以上の大規模オフィスビルは、判明しているだけで百十一棟、総延べ床面積で約七百万平方メートルになります。平均的な一人当たりのオフィス面積を基に収容人員を試算すると、約十八万人分の規模です。

もし需要に変化がなければ、その分、オフィスビルが余ります。競争力の弱いビルは、空きビルのままで放置するか、建て替えるか、改修して生まれ変わるかの選択を迫られることになります。

もう一つ、不動産投資が活発になって、投資対象のビルが不足してきたこともコンバージョンが求められる理由です。近年、安定した利益を生む賃貸ビルの人気が高まり、高値で取引きされるようになりました。ビルの価格が高騰して利回りが低くなったので、不動産会社や投資家は、そのままでは大きな利益を生まないビルにも投資するようになりました。老朽化したビルを安く買い、機能更新や用途転用によって高い賃料が見込めるビルとして再生するビジネスが広がっています。

競争相手が少なく、借り手が多い分野が有利

コンバージョンでは、建て替える場合に比べて費用が安く、工事期間が短いことが重要です。用途や建物の性能によって異なりますが、改修工事の坪単価は二十万～五十万円が多いようです。ここで紹介した以外にも、ホテルや高齢者施設など、さまざまな用途が考えられます。

投手として芽の出ない野球選手が、打者にコンバートされて大活躍するように、コンバージョンは建物をよみがえらせるきっかけになります。利益アップが目的ならば、用途を変える方向は競争相手が少なく、借り手（テナント）が多いことが望ましいでしょう。どんなテナントなら入居するかを調べ、改修方法を考える――。価値改善の知恵が、建築実務者に求められています。

菅　健彦・日経ＢＰ社

39 既存建物と投資

Q 三十年後に高く売れる中古ビルとは、どのようなビルですか？

A

所有から運用へ

バブル崩壊とともに、それまでのような不動産の値上がりは期待できなくなってきました。また減損会計の導入等により、不動産は保有することの価値より、運用することの価値がますます重視されてきます。売買する場合の方法については、不動産の流動化の時代に対応した不動産の証券化・投資信託法の施行により、多様化してきました。

不動産投資のための試算年数は、通常十五年程度です。「三十年後に高く売れる中古ビル」とは、地球環境、世界経済、日本経済、就業人口構成等の状況次第であり、物件ごとに千差万別ですが、不動産の証券化等の動向を視野に入れると、「デュー・ディリジェンス（「適正評価」、以下、「DD」）で好評価を得られるビル」といえるでしょう。

なぜなら、DDとは対象不動産の①物的状況、②法的状況、③経済的状況を把握するために行う調査で、不動産に対する投資額を確定する材料となるものだからです。

「高く売れる」ための物的チェック項目

DDのうち建築に関係の深い①の物的状況について、報告書にまとめたものをエンジニアリング・レポート（以下、「ER」）といい、その内容が「高く売れる」ための物的なチェック項目となります。そこでERの主な項目（＊）を紹介しましょう。

A．物件概要

1．立地概要―立地特性（嫌悪施設を含め、周辺環境も重要）、地理的条件（地勢も重要）、被災履歴など

2．建築概要―（耐震基準等の法改正への対応、残存容積、基準階貸室面積の大きさ、スパン・階高などが重要）

3．設備概要調査―電気設備（ＩＴ化対応も重要）、空調設備（個別二四時間対応空調のニーズが高い）、給排水衛生設備、防災設備（法規遡及対応済みかが重要）、搬送機設備

FMと経営

B. 建築物診断

1. 建築の診断（防水、外壁の浮き・シール劣化、躯体の劣化の状況や地盤の沈下等の状況把握が重要）

2. 設備の診断（保守・更新履歴も重要）

C. 遵法性調査

1. 建築基準関係規定への適合性（消防法改正、建築基準法改正等への対応も重要）

2. ハートビル法への対応

D. 修繕更新費用（未実施修繕・更新の累積は負の資産である。築三〇年頃には大規模更新時期を迎え、見えないところに大きな資金がかかる）

1. 緊急を要する修繕更新費用

2. 短期修繕更新費用

3. 中長期修繕更新費用（時期と費用を含んだ長期保全計画が重要、解体費用も考慮）

E. 再調達価格の算定（対象建築物を現状に即して建設した場合の調査時点での建設価格を、いくつかの方法で算定し調整したもの）

F. 環境リスク診断

建築物の有害物質含有調査および敷地環境調査

G. 地震リスク診断

地盤・建築構造概要、地盤の液状化、耐震性能評価、地域地震特性、地震危険度、予想最大損失率、地震による営業中断期間の推定

以上、「高く売れる」ための要素として、ERの主な項目とコメントを列挙しました。建物の運用段階で改善できる要素も含まれていますが、三十年という状況変化の読みにくいロングスパンで考えると、たとえば立地や躯体がらみ（スパンや階高等）など、技術的に改善しにくい項目をとくに重視することが有意義であると考えられます。

さらに土地建物の権利関係の明解化、共益費等の情報開示、改修・更新履歴等の資産管理書類・データ整備、設備等を除却した場合の税法上の処理などがますます大切になります。

諏訪　彰・建築・設備維持保全推進協会

★＊…詳しくは、建築・設備維持保全推進協会発行「不動産投資・取引におけるエンジニアリング・レポート作成に係わるガイドライン」参照。

40 リスク管理

Q 建物を所有した場合、どのようなリスクが発生しますか?

A

リスクの原因

建物のリスクとは、簡単に言えば、「建物に被害や損害が起こる可能性」と定義できます。建物にリスクが生じる原因には、地震、台風、洪水、大雪などの自然災害、あるいは火災、テロや事故などの人災などがありますが、これらの災害が起きると、建物は損傷し、内部の人々が負傷したり、災害後に建物が閉鎖する等の事態が発生します。近年では、一九九五年の兵庫県南部地震、二〇〇一年のアメリカ同時多発テロ事件、あるいは二〇〇五年のハリケーン・カトリーナによる災害などによって数々の建物が被害を受け、建物内にいた多くの人々が犠牲者となりました。被害を受けた建物の所有者には、建物本体の損傷に伴う補修コストだけではなく、被害者への賠償、建物の機械設備や収容物の損失、あるいは建物が利用できない間のテナント代のロスなどの金銭的な損害が生じる可能性があります。

リスクは均一ではない

リスクは建物の用途や所在地によって異なります。例えば建物の用途が工業用施設である場合、建物内で取り扱われる物品により火災や爆発、環境汚染などが生じることがあります。また、建物が地震、台風、大雪などの自然災害が活発な地域にある場合、それらによって建物が損傷する可能性が高くなると言えます。しかし、建物内で危険な物品を扱っているから、また建物が自然災害が頻繁に起こる地域にあるからと言って必ずしもリスクが高くなるわけではありません。何故ならリスクは建物の状態にも左右されるからです。例えば、兵庫県南部地震で倒壊した建物もあれば、被害が少なかった建物もあったように、同じ地域にあっても適切な設計や補強が施されている建物とそうでない建物では、リスクは大きく違います。また、同じ用途の建物でも、防火扉やスプリンクラーを設置・点検している建物では火災リスクは低くなります。

リスクを定量的に表す

建物の所有者がリスクを理解するためには、まず自分の建物に生じ得るリスクのシナリオとその規模を把握することが必要です。リスクの規模を定量的に計ることは難しいのですが、通常「ハザード」と「脆弱性」という二つの要素によって表すことができます。

ハザードというのは、リスクを引き起こす原因となる地震や火災等の規模と発生確率の関係であり、脆弱性とは、ハザードが発生した場合の建築物の壊れやすさを指します。たとえば、ある建築物の地震リスクを表すとすれば、まずは建物の所在地や地盤の状態から、その場所に起こり得る振動の規模と発生確率を割り出します。そして、その建物の構造様式、形態、建築年や状態などから、さまざまな大きさの振動における建物の損傷度を推定することができます。その損傷の度合いから、修理費や人的被害、建物が閉鎖し得る期間などを推定することによって、全体的な損害額とその発生確率の関係を表すことができます。つまり、ある建物において、その地域に震度6以上の地震が五百年周期で生じ、その地震によって生じる建物の修理や閉鎖に伴うコストが建物価値の五十パーセント以上であると推定された場合、その建物は五百年に一度建物価値の五十パーセントを超過する損害を負う可能性があるということです。このように、生じ得るリスクの規模とその頻度の関係を表す課程を「リスク評価」と呼びます。

リスクの大きさは所有者の管理次第

いったん生じ得るリスクの規模を理解したら、補強や防火システムの導入などでリスクを許容できるレベルまで減らす措置をとり、残りのリスクを保険等でカバーしコントロールすることができます。このようなプロセスを一般的に「リスク管理」といいます。図にはリスク管理プロセスを表した例です。

建物が建築基準に適合しているのでリスクはないと言う所有者がよくいますが、基準は人的被害の軽減を念頭においた必要最小限の規定であり、リスクが発生しないことを保障しているわけではありません。逆にリスクは必然的なものだから起こってもしょうがないと諦めている所有者もいますが、リスクは適切な管理により軽減できるものです。つまり建物のリスクは、所有者のリスク管理によって決まってくるということです。

飯田　かすみ・リスクコンサルタント

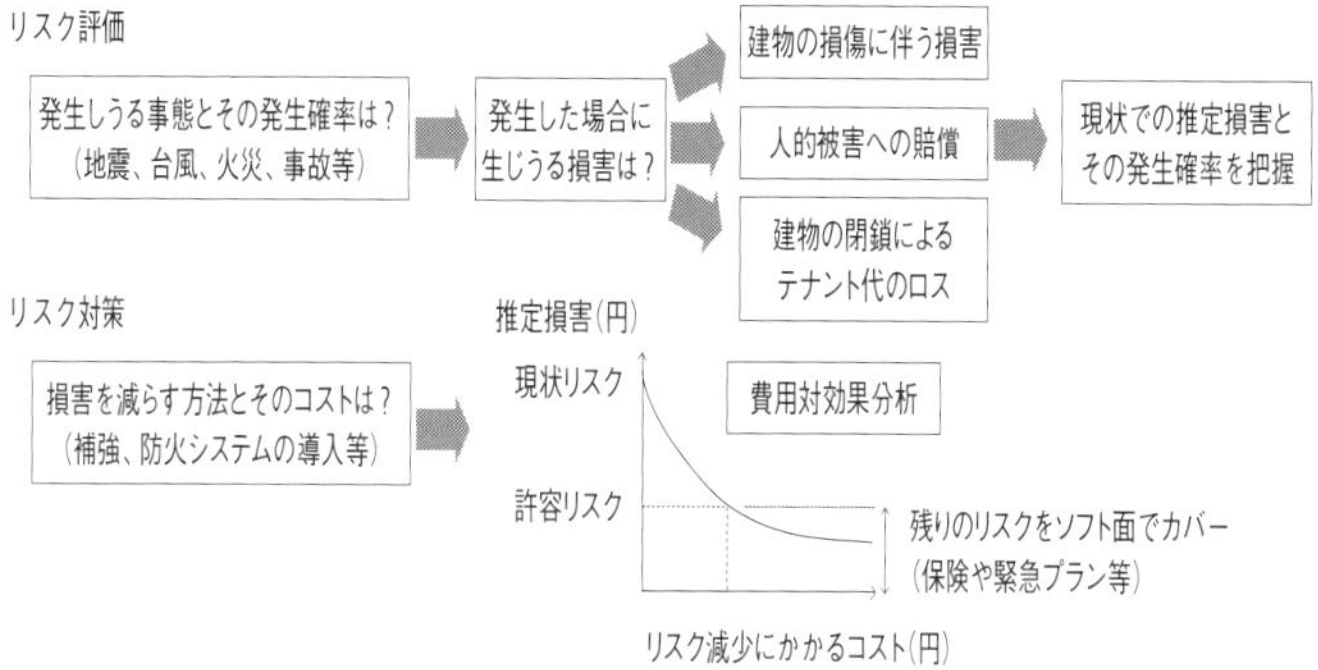

リスク管理のプロセス

41 日本の建設工事費

Q 日本の建設工事費は、本当に海外に比べて高いのですか?
また、工事費を安くするにはどうすればよいのでしょうか?

A 日本の建設工事費は世界一高いともいわれてきました。一九九四年の建設省(当時)の調査によれば、日米の建築工事の内外価格差(日本/アメリカ)は一・三六倍となっていましたが、その後この内外価格差は解消され、二〇〇三年には〇・七六倍という逆価格差が生じています。したがって、日本の建設工事費は必ずしも海外より高いとはいえませんが、ここでは、建築工事を対象に、建設工事費に影響を与える要因について考えてみたいと思います。

建設工事に影響を与える要因ごとに計算してみると……

まず、公表される統計データは、各国の通貨で集計されているので、国際比較するには換算が必要です。換算には、為替レートが用いられることが一般的ですが、貿易の対象とならない建築物については、国内での購買力をみるという観点から「購買力平価（PPP：Purchasing Power Parity）という指標を用いた方が実態を反映するといわれています。OECD（経済協力開発機構）によれば、二〇〇二年の対米ドル為替レートは百二十五・三九円ですが、購買力平価は百四十六円です。この購買力平価を為替レートで割った内外価格差は、一九九四年当時、東京対ニューヨークで一・五二倍でした。つまり、為替レートではなく購買力平価で換算して比較すると、日本の建設工事費の方が安いことになります。

つぎに、比較対象となる建築物の違いがあ

ります。日本は地震国であり、狭小な国土を高密度に利用しています。大きな地震を想定した耐震構造、弱い地盤の上に建築物を支えるための頑丈な杭・地業、火災時の避難・消火に関する防災規準など、アメリカより厳しい条件のもとで建築物を設計しなければなりません。そのため、日本の建築物は仕様が高度化し、鉄・コンクリートなどの構造材料を多く使用し、これが建設工事費に反映されると考えられます。

日本の建設工事費を安くできる可能性は？

日本の建築設計の特色として、多種多様な仕上材を用いることと、非常に高い施工精度を求めることが挙げられます。仕上材については、輸入石材など高価なものから塗装など廉価なものまで、建築主と設計者の意向によって自由に選択できるので、工事費を調整するための重要な要因となります。欲しい機能に対して無駄な費用をかけていないか、費用対効果で建築物の価値を考えることが大切で、これをバリュー・エンジニアリング（VE：Value Engineering）といいます。たとえば、ある程度材料の種類を減らして、大きなロットで購入したり、標準化された量産化部品を使うことも有効です。現場で多くの職人を必要とする工法については、できるだけ工場製作に切り替え、工業化工法を導入した方が工事費が安くなり、品質が安定します。それには、設計方針を早く決める必要があります。日本の建築物の床や天井は、極めて平滑に施工されています。タイルやパネルは、隣との継ぎ目の目地が均整をとって揃うように、周到に計画されて取り付けられています。このことは海外の建築物と見比べれば、すぐに実感できるでしょう。日本では、質の高い施工が当然のものとして理解されており、そのために設計者、工事監理者、施工者が多くの図面や仕様書を作成し、時間をかけて施工品質を管理しています。

取引慣行にも要因があります。日本では、資材の流通システムが複雑で、メーカーから工事現場に資材が納入されるまでに、さまざまな流通コストが付加されています。施工組織も、重層下請構造といって、建築主と職人との間に複数の企業が介在する間接的な契約形態が広く存在しています。そして、長年の実績による系列、協力会といった企業集団が形成されており、相手によって取引条件や流通価格が変わり、必ずしも最低価格で資材を購入することができないといわれています。こうした複雑な流通システムにある資材・労務を扱うことはかなり難しいため、日本では実績のある総合工事業者（ゼネコン、General Contractor）に一括で工事を請負わせる契約制度が主流となっています。この契約制度では、建築主のリスクが低減される一方で、建築主が細部のコストをチェックしにくいため、建設工事費が硬直的になるという指摘もあります。

金多　隆・京都大学

42 倒産と破産・民事再生

Q 建設会社などの倒産のニュースを聞くと、民事再生や自己破産などいろいろありますが、どのように違うのですか？

A

倒産ということ

倒産というのは法律上の用語ではなく、一般に使われている言葉です。そのため、「六カ月以内に二度の不渡りを出して銀行取引停止処分を受けたこと」であるとか、「いや破産した場合のことだ」とかいわれています。しかし、いずれも倒産の一つの例であり、倒産と同意義ではありません。

倒産とは、支払うべき債務を支払うことが不能になった場合を総称したものです。したがって、支払い能力がないため、一回でも不渡りを出せば倒産であるし、一回も不渡りを出さなくとも事実上支払不能に落ち入れば、それも倒産です。

企業の倒産処理の方法にはいくつかありますが、大別して二種類あります。一つは「清算型」の倒産処理であり、これは企業を整理清算して消滅させるものです。もう一つは「再建型」倒産処理で、これは債権者等の協力を得て再建することを目的としたものです。

倒産処理として多く利用され、実効のあるものは、①破産手続、②会社更生手続、③民事再生手続、④私的整理の四つです。

①の破産手続は「清算型」の代表的なものであり、②の会社更生手続と③の民事再生手続が「再建型」です。④の私的整理は「清算型」にも「再建型」にも利用されています。

どうすべきか倒産処理

倒産に陥った場合、関係者への迷惑を大きくしないよう迅速かつ適切に倒産処理しなくてはなりません。いまでも中小企業経営者によくみられる例ですが、支払い不能に陥って再建する見込みがまったくないにもかか

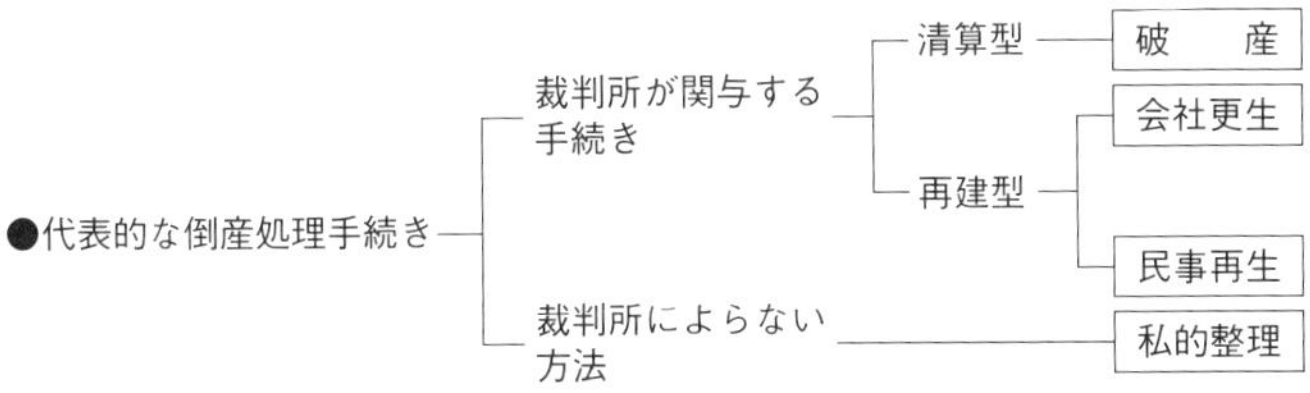

わらず、取引先や親兄弟、知人などから金を借りまくって倒産を先延ばしにし、挙げ句の果てに倒産して関係者にかけなくてもよい迷惑をかけることがあります。

支払い不能に陥ったら取引先や親兄弟に迷惑をかけず、さっさと倒産処理の手続きをとるべきなのです。弁護士に相談して、再建できるか否かの判断をまず出すことです。

再建の見込がないと判断すれば、できる限り早く清算型の倒産処理に踏み切るべきです。

清算型の代表的なものは、破産手続きです。裁判所の選任した破産管財人が破産者の財産を処分して債権者に平等分配（債権額に応じて）する方法で、厳格な手続きの下でなされるので、清算する以上は原則としてこの破産手続を利用すべきです。この場合、裁判所に納める申立予納金や、破産申立代理人の弁護士費用が必要です。

裁判所に納める予納金がない場合、弁護士に頼んで私的整理をする方法もあります。債権者を集めて事情説明し、財産を処分して分配するのは破産と同じですが、多額の財産がある場合、強硬な債権者が自分だけ多く取ろうとして混乱を招くことがあります。したがって、財産がある程度ある場合は破産手続を執るのが賢明です。

これに対して、今後も継続的な営業収入が見込まれ、債権カット、支払延期などの債権者の協力が得られれば再建できる見込がある場合は、再建型の倒産処理を選択すべきことになります。会社更生手続きと民事再生手続きが代表的なものです。

会社更生手続は株式会社のみが利用でき、厳格な手続の下で行われるので大会社に向いているとされていますが、中小企業も利用しやすいように法律が改正されています。裁判所が選んだ更正管財人が更正計画案を作成し、それに沿って財産の管理処分や経営を行います。ただ、この手続では経営者は解任されるので、それが嫌であれば民事再生手続によることになります。

民事再生手続は株式会社でなくても、また個人でも利用できます。会社の場合は経営者が原則として監督員の監督の下で、引き続き経営を続けられます。

私的整理によって会社更生、民事再生と同様のことを行うことも可能ですが、成功の可能性はやや低いと考えられます。

福田晴政・弁護士

43 維持管理

Q ビルの完成後、維持するためにはどんな費用がかかりますか？

A ビルを新築するときには、その建設費用はもちろん、建てた後にどのような費用がかかるのかを十分に考えておく必要があります。三千平方メートル程度の鉄筋コンクリート造のビルを六十五年間使った場合、建てた後にかかる費用は、建設費用の三倍ともいわれています(1)。それでは、どのような費用がかかるのでしょうか。

保全費用と光熱水費

建築基準法、消防法、建築物における衛生的環境の確保に関する法律、浄化槽法などに基づく点検を行う必要があります。これらについては、点検を行える資格者や点検の期間が決められています。

また、法律で決められた点検の他にも、屋上の伸縮目地に草が生えていないか、排水口が詰まっていないかなどを日常的に点検することが必要です。ちょっとした手間をかけなかったために、大規模で高額な改修が必要になる場合があるからです。

そのほか、清掃の費用、警備の費用、病害虫防除費用や植栽を手入れする費用も必要ですし、雪が降る地域であれば除雪などの費用が必要です。

光熱水費としては、電気料金、上下水道料金、都市ガス料金、油料金などがかかります。地域冷暖房をしている場合にはその料金がかかります。

修繕費用

部位の劣化に伴い修繕が必要になります。内壁の塗替えなど軽微な修繕のほか、設備機器、配管、屋上防水の更新や外壁の修繕など

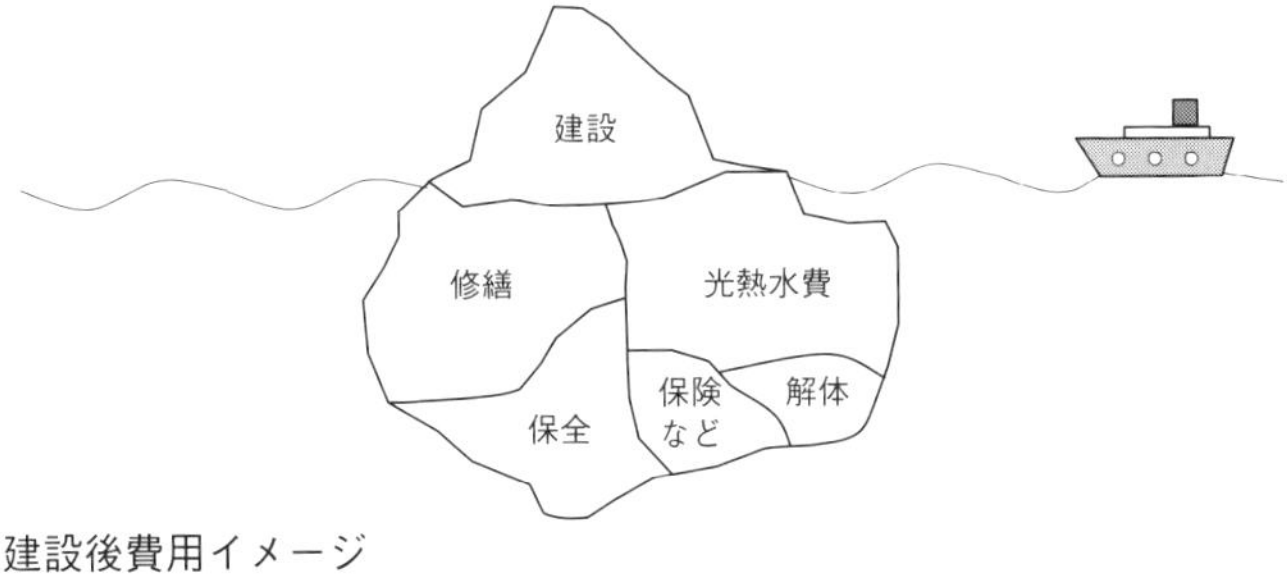

建設後費用イメージ

が必要になります。

故障を見越して壊れる前に計画的に更新・修繕するか（計画保全）、故障してから更新・修繕するか（事後保全）は、予算、施設の状況、部位などにより異なりますが、人の命にかかわるようなことは、計画保全が適していると考えられます。

効率的な修繕や更新を行うためには、中長期の保全計画を立てることが重要です。たとえば、照明機器の更新と天井改修を一緒に行うなど、影響のある工事（道連れ工事と呼ばれています）を同時に行うと、効率的に行える上に費用の節約にもなります。また、一般に適正な更新期間といわれているものを各部位について組み合わせていくと、ある年に更新が集中してしまうことになります。毎年同じくらいのお金を保全のために使おうと考えている場合には、優先順位や道連れ工事に配慮しながら、集中しないように計画することが必要です。

保険費用と税金

状況に応じて火災保険や地震保険などに加入する必要があります。

また、土地や建物には評価額に応じて固定資産税や都市計画税がかかります。国や地方公共団体が所有する建物には原則として税金はかかりませんが、公務員宿舎など一部の建物は、所在する市町村に対して国有資産等所在市町村交付金が支払われています。

社会や生活の変化による費用の発生

空気調和設備の普及、耐震技術の進歩、高齢者や身体障害者への配慮の重要性の増加など、生活、技術、社会の価値観などは長い間に変化しており、古い建物であっても対応して改修を行わなければ、支障をきたしてしまいます。また、アスベストやＰＣＢなど過去に使用されてきた物質が、その後、有害なものであると分かった場合には、撤去し、処分する必要があります。

解体と再利用の費用

ビルの役割が終わり解体する際には、解体工事費用、設計費用、工事監理費用などがかかります。また、解体に伴って発生する金属類、コンクリート、ガラスなどを分別し、処分したり再資源化したりする費用も必要となります。

岩野多恵・国土交通省

★…1　建築保全センター：建築物のライフサイクルコスト（経済調査会、二〇〇五）

44 PFI

Q

PFIがどういうものかわかりません。また、イギリスのPFIは日本の道路公団をモデルにしていると聞いたこともあります。詳しく教えてください。

A

PFIとは、Private Finance Initiative の略です。PFIは、「民間の資金、経営能力及び技術的能力を活用して公共施設等の建設、維持管理及び運営の促進を図るための措置を講じることなどにより、(公共部門が直接これを行うよりも)効率的かつ効果的に社会資本を整備することを目的とする」ものです。しかし、どうも、最近のPFIの動きからすると、PFIが分かりにくいとの声を聞きます。そこで、次にいくつかの疑問点にお答えする形で解説してみたいと思います。

PFI事業と公共事業はどう違うのか？

PFIは、「公共施設等の建設、運営等を効率的・効果的に行うもの」です。したがって、PFI事業はあくまで公共事業の一環です。施設が本当に必要であるかどうかが大前提になり、その事業を公共部門が直接行うよりは、より効率的（財政支出の縮減等）効果的（リービスレベルの向上等）に行うことを目的とします。間違っても、公共事業に上乗せするような事業をPFI事業とすることは許されません。

PFI事業の評価とイギリスのPFIの違いは？

現在、日本でも百十を超える事業がPFI事業として行われています。これは、当初予想されたものよりははるかに多いといえます。しかし、イギリスのPFIと較べると、いくつかの違いがあります。たとえば、事業方式としてBTO（Build Transfer Operation）方式が多いということです。

PFIの例（神奈川県立近代美術館葉山館・撮影：岩野多恵）

これは民間事業者が建設した施設を公共に有償で譲渡し、民間はその施設を運営するもので、現実的には運営ではなくて維持管理（Maintenance）のみになり、実質的に延べ払い的なPFIが散見されます。イギリスでもこの方式は見受けられません。

PFIの中心概念であるVFMとはどういう内容のものか？

公共施設等の整備について、これを公共部門で行う場合と民間に委ねる場合とでいずれが効率的、効果的かを検証するのがVFM（Value for Money）の計算です。これは、公共部門がみずから行った場合のコスト（PSC：Public Sector Comparator）と民間に行わせて、公共がそのサービス対価を購入する場合のコスト（LCC：Life Cycle Cost）を比較して、前者より後者が低いときに、公共部門は民間事業者に当該事業を行わせて、公共部門はこれのサービスを購入するほうが財政支出の縮減が図られるとするものです。これは、PFI事業の最も基本となるものですから、客観的かつ明確に行うことが必要です。

PFIの事業プロセスへの批判とは？

日本のPFI方式は、イギリスの制度を導入したものです。イギリスと日本とでは公共調達の歴史的、制度的な違いがあります。イギリスでは、とくに地方自治体の事業について、公共部門の直接事業とするか、P

FI事業とするかについては、大蔵省が事業のチェック、認定（Sign Off）、資金措置をやっています。これに対して、日本の場合は自治体等の判断に委ねられている面が多いのが特徴です。また、イギリスの場合、民間事業者選定方式については多段階選定方式（＊1）、対話型競争入札方式（＊2）を取っていますが、日本の場合には技術的問題もあり、今後いかなる方式とするかについては議論があるところです。

わが国の道路公団とイギリスのPFI事業の違いは？

「イギリスのPFI方式は日本の道路公団をモデルにしている」というのは正確ではありません。確かに、日本の公団方式誕生の理由は、公共施設を（税金のみでなく）民間の資金を導入して長期的に整備するということでした。この面でイギリスのPFI方式が紹介されたときに、日本ではずっと前からやっているということがいわれましたが、イギリスのPFI方式が公共事業の効率化を目的としていることに比べると、わが国の公団方式との違いがおわかりいただけると思います。

光多長温・鳥取大学

＊1…最初に応募者からの概要提案に基づき概要審査を行い、三から四社に絞ってその後に絞られた事業者について本審査を行うやり方。
＊2…公共部門と民間部門とが対話（Clarification Meeting）を行いそれぞれの考えを十分理解し合いつつ民間事業者の選定を行うもの。

FMと経営

教育と資格

45 建築の資格

Q 資格をめぐっていろいろな議論がなされていますが、なぜ今、建築の資格が問題になっているのでしょうか？また、どのような動きがあるのでしょうか？

A
現行の建築士制度と現実との矛盾

一九五〇年（昭和二十五年）に建築士法が制定され、一級及び二級建築士が誕生して以来五十年以上が経過しました。戦後、国民生活は向上し建築技術も著しく進歩しました。建設量の拡大ばかりではなく、建築の大規模化、多様化、高度化も急速に進行し、このため建築士の業務は量的にも質的にも拡大してきました。また、IT技術が導入されることによって、高度な専門技術が市民一般からばかりでなく技術者同士でもお互いの技術の中身が見えにくくなっている状況、つまり技術のブラックボックス化が急速に進みました。

さらに、建築主（発注者）の様態も大きく変化しています。個人住宅のように建築主が自分で使用するために建てるケースではなく、とくにマンション建築などの「商品」としての建築になっており発注者が最終使用者ではなくなってきている状況が多くなってきています。

一方、建築の工事発注方式も多様化し、社会から要求される建築士のあるべき姿が確実に変わってきています。社会からの要求の変化に制度が追従していないというのが根本の問題です。この要求に対応するため建築関連の諸団体が独自の資格制度をつくり認定を行ってきましたが、その複雑さゆえに建築関連制度の全体像を一貫した尺度で並べることが非常に困難になってきている状況に現在あると言えます。

ここ数年、世間を賑わしている事故や事件は、建築界に関わるものが非常に多くなっていると感じます。とくに二〇〇五年に発覚した建築士による構造計算書偽装事件などは、構造技術者個人の倫理感の欠如が主な要因といえますが、現行の建築士制度を含んだ建築界全体の設計・生産のシステム疲労と建築の質の低下を如実に表していると思います。

建築士の専門分化と国際化の波

また、現状の建築士制度では設計者と施工者が同じ資格制度の中で位置付けられており、すなわち建築士はその技術的分野だけでも、都市計画関係から法規・構造・設備・施工に至るまで、きわめて広範囲な内容をもっています。現実には、それぞれ専門分化して設計や工事監理を行っているのです。ここに現行建築士制度と現実との矛盾があり、この矛盾をなくすためにも、また技術士法等との関連においても、職能を明確化した専門分化した建築士（建築・構造・設備等）が自然に考えられます。

諸外国から見ても、その職能と責任が明確ではなく、理解しにくい状況になっています。現在一級建築士を保有する人の約七十％が施工に関わっており、設計に関わっているのはわずかに約三十％といわれています。英語でいうarchitectやengineerの概念が、日本の設計者の資格制度には適合しにくいことも日本の国際化を妨げる大きな原因となっています。国際化の一層の進展により、ＵＩＡ（国際建築家連合）やＡＰＥＣ（アジア太平洋経済協力）等の機関における資格との相互認証等の動きも活発になってきています。

「一品生産」「社会資産」である建築の質を守るために

一級建築士資格とは法制化された業務独占であり、プロフェッショナルであることの証でもあります。表示制度により業務実態に合わせた専門性を明示した職能が社会・一般消費者にも明確であり、安心して業務を依頼できることが必要となってきます。政府が保証するために元々国家試験という形式を現在の建築士制度ではとっていますが、高度に成長した社会では政府でなくとも民間で試験を行っても実は充分に信用度があり、第三者認定機関である民間団体が資格試験を行い、登録のみを国家にすることも可能になります。

バブル経済の崩壊以降、経済の安定成長期に入り、エネルギー問題や地球環境問題がさらに強く意識されるようになりました。いわゆる持続可能、サステイナブルで「社会資産」としての建築の重要性が一般市民にも認識されるようになり、量から質への転換が最近ようやく一般化してきたといえると思います。建築は「一品生産」であるという特殊性から他の生産分野とは全く異なるシステムの上に成り立っています。このことが建築の質を保つことを難しくしている大きな要因となっています。今、建築をひとつひとつ丁寧につくっていく成熟した社会システムが未来のために必要なのです。

建築関連資格制度に対しての新しい考え方が、国土交通省よりまさに提示されようとしています。市民にわかりやすく、成熟した社会環境を担う新しい資格制度になることが強く期待されています。

安田幸一・東京工業大学

46 ＪＡＢＥＥ

Ｑ

ＪＡＢＥＥに認定されるとどんないいことがありますか？
また、「国際的同等性の確保」にはどんな意義がありますか？

Ａ

ＪＡＢＥＥ認定のメリットとは？

ＪＡＢＥＥとは日本技術者教育認定機構のことで、技術系学協会と連携しながら、社会の要求水準を満たした技術者教育プログラムが大学などの高等教育機関で実施されているかどうかを審査・認定する機関です。ＪＡＢＥＥ認定のメリットを一番受けるのは学生、あるいはこれから技術者という職業に就き、国際的な舞台で活躍しようとする若い人たちです。認定されたプログラムを修了していれば、国際協定加盟国の大学院に進むときや仕事のうえで国際的な認定修了資格が必要なとき、あるいは外国の資格に挑戦しようとするときなど「ＪＡＢＥＥ認定プログラム修了」というパスポートがあるかないかで大きく違ってくることでしょう。

グローバル化により人、物、金、情報が国境を越えて移動する時代に「質の保証」が求められるのは自然の成り行きです。国の内外を問わずこれからの技術者はこうした外部環境の変化に対応して自らの可能性を広げていくことが大切です。

それでは教育機関にとってのメリットは何か？と聞かれれば、「質の保証がない」ことによるデメリットをどうお考えですか、と逆に問いたくなります。品質保証のない自動車に貴方は安心して乗れますか。外国に輸出できますか。これからは学生が教育機関や学科を選ぶ時代です。進学に当たっては、認定プログラムであるかないかを学生は判断材料とするでしょう。教育プログラムの外部認定は欧米先進諸国では常識であり、日本の技術者が将来、国際的に不利益をこうむらないための必要条件なのです。

「国際的同等性の確保」の意義

認定プログラム修了生は、イギリス、カナダ等では通常、専門職業のスタートとして登録されるなど教育プログラム認定は職業資格とリンクした制度となっています。わが国でも現在プログラム認定と技術士資格との連携が技術士分科会で審議されています。

建築分野に限っていえばＪＡＢＥＥの認定は現在四年制の学部あるいは高専専攻科を対象にしていますので、最低五年制を条件とするＵＩＡ（国際建築家連合）の認定資格に今すぐつながることにはなりません。日本建築学会やＪＡＢＥＥでは、そうした国際資格を担保するために大学院修士課程の認定についても検討を進めているところです。

福崎　弘・日本技術者教育認定機構

A!

建築ＪＡＢＥＥの今後

資格制度は軌道にのってこないと明確にはならないことが多いですが、教育現場から一言。最終的には学生の就職プロセス等での差別化につながれば、これが最大のメリットとなるでしょう。これには企業への周知が不可欠です。そのための地道な広報が重要ですが、数も大きなパワーであり、建築でいえば、建築系の大学学科の半数程度が認定されてはじめて大学学科の区別化が明らかになってきます。

ようやく本格的に動き始めたばかりの建築ＪＡＢＥＥとして、当面感じられるメリットを挙げれば、具体的な学習目標が身近に設定できるために、学科の独自性について考える機会ができること、学生にとっては学習意欲の動機付けとして努力目標がはっきりすること、ではないでしょうか。建築という実務的な学科であっても、今の大学教育は教養的な方向に流れかけています。これは学生の就職先の業種をみても明らかです。不況のせいばかりでなく、高等学校の進路選択時点で、偏差値などにとらわれすぎて、自分の適性や志向を見いだせていないところに大きな原因があります。とはいえ、入学を許可した学生に対する教育は大学の責任ですから、初年次教育の段階から学生と面と向かって対峙する必要があります。その意味でＪＡＢＥＥは動機付けの一つになり得ると考えています。また別に、自己点検書の作成過程で、プログラムが提供している全科目内容を洗い出して整理する必要があります。そのなかで、教えている内容の重複や欠落が各専門分野のなかで明らかになります。その結果、専門内での整理も可能ですし、専門外からの意見を具体的に取り入れることも容易になります。さらにいえば、教員の教授法についても意見交換する機会を得ることができます。これらは授業改善として大きなメリットです。

いまのところＪＡＢＥＥは学部教育を対象としていますが、修士課程を含めた六年間で、ＵＩＡ（国際建築家連合）の認定資格との関係ができれば、建築教育の国際同等性がよりはっきりすることになるでしょう。ＪＡＢＥＥは工学全体の取り組みであり、建築だけの資格でないところに注目しています。日本の技術教育の国際化を考えるうえで、この横の連携は大きなパワーになる可能性を秘めています。

石川孝重・日本女子大学

「ここが知りたい　建築の?と!」刊行を迎えて

建築に関して日ごろ疑問に思っていることや、気になったことを、第一線で活躍する専門家に回答してもらおう——。建築雑誌二〇〇四年から二〇〇五年にかけて連載した「ここが知りたい　建築の?と!」は、こうした意図で始めました。本書はこの二年分の連載記事を取りまとめるとともに、昨今の建築を取り巻く状況から関心が高いと思われるテーマを追加して一冊にしたものです。

地震などに対する防災技術や住宅、環境問題、都市デザインなど、幅広い分野について扱っています。耐震技術や地球温暖化問題など、社会問題化しているテーマも多く取り上げ、最新の知見や最先端の技術について解説してもらいました。いまの時代を反映した内容と言えるものであり、気軽に読んでもらいながらも「なるほど」と思ってもらえることと思います。

こうして各テーマをながめてみると、私たちの住む住宅や生活基盤、世界中で頻繁に起きる地震や台風、環境問題など、建築で扱うテーマがいかに私たちの生活や社会と深く関わりあう大切な問題であるかを再認識させられます。しかし同時に、そのことについて建築に関わる専門家が一般の人々と認識を共有できてきたかどうかを問い直す必要もあります。専門家から社会に対してその重要な事柄をきちんと説明すると同時に、多くの人々に建築に関心や興味をもってもらうよう、門戸を開いて情報を投げかけていくことがますます重要になります。その意味でも本書を通じて、建築で扱う諸々のテーマの面白さや奥深さを、多くの人々に感じ取っていただければ幸いです。

本書の編集に当たっては、建築雑誌編集委員会のメンバーを中心に、多くの方々のご協力をいただきました。ここに深く感謝申し上げる次第です。また、編集作業にご尽力いただいた技報堂出版株式会社および日本建築学会事務局に対し、厚くお礼申し上げます。

二〇〇六年九月

「ここが知りたい　建築の？と！」小委員会　委員一同

『刊行委員会』

委員長　長谷見雄二

委　員　（略）

「ここが知りたい　建築の？と！」小委員会

主　査　斉藤寿直　サイトウアトリエ

委　員　稲田達夫　三菱地所設計技術情報部部長

岩田利枝　東海大学情報デザイン工学部建築デザイン学科教授

岩野多恵　国土交通省官庁営繕部計画課

竹内　徹　東京工業大学建築学専攻助教授

執筆者（　）内は執筆担当

秋山哲男　首都大学東京大学院都市科学研究科教授（Q26）

安達　洋　日本大学理工学部海洋建築工学科教授（Q15）

飯田かすみ　リスクコンサルタント（Q39）

伊香賀俊治　慶應義塾大学理工学部システムデザイン工学科教授（Q29）

石川孝重　日本女子大学家政学部住居学科教授（Q46）

稲田達夫　（前掲）（Q5）
岩井達弥　岩井達弥光景デザイン代表（Q27）
岩田利枝　（前掲）（Q30）
岩野多恵　（前掲）（Q42）
岩原卓己　積水化学工業住宅カンパニープレジデント室（Q16）
大内政男　三菱地所設計専務取締役（Q11）
大橋好光　武蔵工業大学工学部建築学科教授（Q1）
大山雄二郎　都市再生機構東京都心支社業務第1ユニット大崎副都心整備チーム（Q34）
奥村忠彦　エンジニアリング振興協会研究理事（Q12）
小野泰　ものつくり大学建設技能工芸学科講師（Q19）
柏木博　武蔵野美術大学造形学部教授（Q36）
加藤和彦　産業技術総合研究所太陽光発電研究センターシステムチーム（Q20）
金多隆　京都大学国際融合創造センター助教授（Q40）
工藤拓　宇宙航空研究開発機構（JAXA）JEM開発・運用プロジェクトチーム（Q13）
倉田直道　工学院大学工学部建築都市デザイン学科教授（Q33）
後藤治　工学院大学建築都市デザイン学科教授（Q35）

小林昭男　日本大学理工学部海洋建築工学科教授（Q15）
澤木美穂　積水ハウスハートフル生活研究所（Q18）
汐川　孝　大林組技術研究所副所長（Q14）
島田啓三　鹿島建設㈱東京支店安全環境部部長（Q23、Q24）
菅　健彦　日経BP社日経不動産マーケット情報編集長（Q37）
諏訪　彰　建築・設備維持保全推進協会情報管理部部長（Q38）
関沢　愛　東京大学大学院工学系研究科都市工学専攻客員教授（Q10）
瀬渡章子　奈良女子大学生活環境学部人間環境学科住環境学講座教授（Q11）
高田毅士　東京大学大学院工学系研究科建築学専攻教授（Q4）
高山峯夫　福岡大学工学部建築学科教授（Q3）
竹内　徹　（前掲）（Q11）
田中俊六　東海大学名誉教授（Q21）
田辺新一　早稲田大学理工学部建築学科教授（Q17）
恒次祐子　森林総合研究所構造利用研究領域木質構造居住環境研究室（Q22）
時松孝次　東京工業大学理工学研究科建築学専攻教授（Q2）
中村　修　風工学研究所代表取締役所長（Q8）

西宮隆仁　気象庁地震火山部管理課計画係（Q7）
橋本修　日本大学理工学部建築学科助教授（Q28）
林和博　三菱地所設計技術情報部担当部長（Q9）
日高健一郎　筑波大学芸術学系教授（Q34）
福崎弘　日本技術者教育認定機構専務理事（Q46）
福田晴政　福田法律事務所弁護士（Q41）
光多長温　鳥取大学地域学部地域政策学科教授（Q43）
安田幸一　東京工業大学大学院理工学研究科建築学専攻助教授（Q45）
柳宇　国立保健医療科学院建築衛生部建築物衛生室室長（Q25）
和田章　東京工業大学統合研究院教授（Q6）

日本建築学会「会誌叢書」刊行にあたって

日本建築学会の機関誌「建築雑誌」は、一八八七年一月に創刊された、建築関係では我が国で最も歴史のある月刊の会誌です。通常は、会員間のコミュニケーションの媒体として会員に配布される性格のもので、一般の方々の目にとまることはほとんどありません。

「会誌叢書」は、「建築雑誌」の中にある特集・連載記事を中心に編集されるものです。これらの記事は、建築に関する学問的な話題だけではなく、社会に生起しているいろいろな問題と建築との関わりを取り上げており、建築の専門家だけではなく、一般の方々にも興味を持ってお読みいただけるものと思います。

このような特集・連載記事を、会員の限られたコミュニティにとどめておくのではなく、広く一般の方々にも読んでいただき、建築について理解を深めていただきたいと考え、「会誌叢書」を刊行することにしました。

本書をお読みいただくことで、少しでも建築に対する興味を持っていただければ幸いです。

二〇〇六年九月

日本建築学会刊行委員会

ここが知りたい　建築の？と！

定価はカバーに表示してあります。

2006年9月5日　1版1刷発行　ISBN4-7655-2496-5 C3052

著　者　社団法人日本建築学会
発行者　長　滋彦
発行所　技報堂出版株式会社

〒101-0051　東京都千代田区神田神保町1-2-5
（和栗ハトヤビル6階）
電　話　営　業（03）（5217）0885
編　集（03）（5217）0881
FAX（03）（5217）0886
振替口座　00140－4－10
http://gihodobooks.jp/

日本書籍出版協会会員
自然科学書協会会員
工学書協会会員
土木・建築書協会会員

Printed in Japan

カバーデザイン：浜田充子　組版・ジンキッズ　印刷・製本：技報堂